戦前尖端語辞典

平山亜佐子◉編著
山田参助◉絵・漫画

左右社

戦前
尖端語辞典

尖《せん》端《たん》畫《が》報《ほう》
漫画・山田参助
茂《も》谷《や》澄《すみ》夫《お》
尖《せん》端《たん》幾《いく》子《こ》
尖《せん》端《たん》的《てき》子《こ》
節《ふし》田《だ》穴《あな》助《すけ》
ヤア皆さん こんにちは
僕は節《ふし》田《だ》穴《あな》助《すけ》 当代きっての モダン・ボーイです。
セーラー・パンツに ロイド眼鏡 ロングヘアー
ちょいと そこらにゃ いない感じで しょう。
しかし僕の 尖端的な ファッションも それゆえ理解されぬ ことも多いのです。
……。

結果いまだ恋人も見つからず全く世の女共の見る目の無さには落胆するばかりなのであった。

おお
おゝ神よ吾が天使はいずこにありや、よよよよよ。

穴助さーん。

やあ僕を呼ばわるその声は尖端的子《せんたんてきこ》その人ではありませんか。

往来で芝居懸った人が居ると思ったらヤッパリ穴助さんだったわ。

丁度良いわ築地小劇場にプロレタリア劇を観に行かない？

エッ僕は赤みの強いのは一寸……。

ヤーネお刺身の話じゃ無いのよあなた見栄えが軟派だから中身ぐらい少々感化された方が良いわヨ。

的子さんはイデオロヒメなのであった。

アラ、あすこにも芝居懸かった人が居てよ。

ややっ、あれは君の姉上、幾子《いくこ》嬢の恋人澄夫《すみお》氏だぜ。

おゝ……。

的子ちゃん穴助氏百パーセントの絶望だよ！僕と幾子さんとの間に重大なる問題が発生したのだ。

ヘエ、発生とは穏やかならんね。放って置くと、尻尾が生えたり手足が生えたりするぜ。

マア話してみたまえよ。

先刻！銀座で！彼女が知らない男と銀ブラして居る処を！見ちまったのだ！

銀ブラだってェ!?

其れは確かに恋愛的危機勃発だわネ！

それでそれで？

僕は思わず二人の後をつけた。

フンフン一寸した探偵趣味だな。

猟奇ね！

すると二人は一軒のパーラーに入った。

そこで二人はテータテートでどんな密談をしていたの？

それが全く奇々怪々なのさ。

ガッカリアイエン子が近頃すっかりデスペレートなのはそのエルが羅漢様だからなんですって？

そうなんだ全くとんだゲシュペンシュテルなんだよ。

二人が何を話しているのかさっぱりわからなかったんだ！

それはそれは……。

「ガッカリアイエンコ」が「デスペレート」でその「エル」が「羅漢様」で「ゲシュペンシュテル」……わかるかい？

ハハン
これはこういう
ことじゃ
ないかな。
既婚者＝ガッカリアイエン人
つまり結婚した友人の
あだ名が「アイエン子」さんだ。
その恋人（エル）が
全然働かず（羅漢様）
彼女は絶望してる。
ゲシュペンシュテルは
怪物。
つまり友達が
とんでもない男と
結婚したって
ことだな。
へーエ。
なあんだ
ヨソ様の相談事
だったのか。
アラ澄夫さん、
穴助さんに
お的も往来で
お団子になって
何しているの？
オヤ
噂をすれば
影だ。
アラいやだ
私の噂をして
いたの？
オッホン、
アイエン子さん
のエルの件で
お悩み
ですとか？
耳が早いわね。
彼女の兄さん
にも相談され
ちまったの。
澄夫さんも
話を聞いて
頂戴ヨ。
なァ…だ
そうだっ
たのかー
OK　OK
もちコースだ。
穴助氏、
的子ちゃん、
全く助かったよ
有難う！
良かった
わねェ。

穴助さん、主義には疎いけどやるわね流行語は見直しちゃった。
ハヽヽ其程でも。
折角お褒めに預かって感激なれど是には種があるのさ。
是だよ。
戦前尖端語辞典
アラ尖端語辞典。
是の辞典には大正八年から昭和一五年までのモダン語、新語が網羅されているのだ。
フーン。
ナーンダ、其れを読んで居たから、流行語に詳しかったのね。
あんみつを奢るから澄夫氏らには黙って居て呉れ給えよ。
終

目次

凡例

見出し

一、収録した語は大正八年から昭和一五年にかけて出版された新語、流行語辞典から引用した。旧仮名遣いは現代仮名遣いになおし、適宜ルビを振った。

二、項目は見出し語の読みによって五十音順に配列した。促音の「っ」、拗音の「ゃ」「ゅ」「ょ」は、それぞれ「つ」「や」「ゆ」「よ」のあとに、外来語を表すときの小文字の「ァ」「ィ」「ゥ」「ェ」「ォ」は普通の仮名のあとに置いた。長音符号「ー」は、ア、イ、ウ、エ、オいずれかの発音であることによって、それぞれの音の仮名と同じものとする。

一語一頁、本文頁、それぞれを読みによって五十音順に配列した。

三、項目はジャンルごと九種に（「生活語」「学生語」「外来語」「思想語」「女学生語」「文化語」「医療語」「社会語」「隠語」）に分類した。

四、［ ］のなかにその語の読みを平仮名で示した。

語釈

一、ゴシック体で示した語釈は、辞典によって表記が異なる場合があるが、当時の辞典の面白さを活かすためそのまま引用した。外来語等の原語、原つづりはできる限り補完し、当て字、現今の振り仮名と違う場合は引用元に従った。

二、旧仮名遣いは現代仮名遣いになおし、適宜ルビを振った。また原文上、明らかに間違いであると編集部で判断した表記は訂正した。

三、引用元の辞典は説明の末尾に丸数字で示し、巻末（２０４頁）に「引用元辞典出典一覧」を設けた。

四、語釈の表現が現代の社会通念に照らしてそぐわないものや、差別的ともとれる部分がある。当時の感覚や過去の歴史認識を伝えるためそのまま引用しているが、差別的表現を広める意図はないため、随時解説で補完した。

解説

一、冒頭に（解）マークを付け、明朝体で示した解説は、筆者によるものである。

二、解説内に入る日本国内の出来事は和暦・西暦を併記し、それ以外は西暦で示した。

三、見出し語にとって主要な人物の初出には生没年を入れた。

四、解説内に入る書籍名は、単行本を『』、作品名を「」で括った。書籍以外の作品名（映画など）はすべて『』で括った。

五、固有名詞は旧仮名遣いが正式な綴りの場合、それに従った。

用例

一、用例は見出し語をその意味で用いたと思われる文芸作品から引用した。青空文庫に所収されたものはそれを引用元とした。旧仮名遣いは現代仮名遣いになおし、適宜ルビを振った。

二、用例に見出し語が入る場所は――で示した。見出し語と表記が異なる場合は（原表記：○○）と注釈を入れた。

三、引用元は用例の後に書誌情報として（著者名『作品名』発表年の和暦）で示した。発表年は初出とし、不明の場合は単行本初出、それも不明の場合は初出不明とした。

図版

一、本文中の図版の版権はそれぞれの図版にアルファベットで示し、巻末（204頁）に「図版出典一覧」を設けた。不明のものは引用元不明（主に大正、昭和初期の新聞広告）とした。

巻末

一、巻末に「引用元辞典出典一覧」「図版出典一覧」「主な参考文献」「項目索引」を掲げた。

二、「主な参考文献」は本書を執筆するにあたって参考にした主な文献の一覧を示したものである。単行本は『』で、論文は「」で括り、それぞれ著者名の五十音順に配列し、出版社と出版年を掲げた。著者名のない論文集は末尾に配列した。

三、「項目索引」は本書に収録した見出し語をすべて五十音順に配列した。拗促音、長音符号などの考え方は項目と同じとした。掲載箇所を頁番号で示した。

項目の見方

見出し語
大正８年から昭和15年に発行された流行語辞典から採録した言葉。

見出し語の読み
見出し語の読みを平仮名で表記した。

解説
本書の筆者が見出し語について解説した。

【石部金吉】
［いしべきんきち］　品行方正な人、即ち石のように堅い人のこと。㉓
㊦解 間抜けも馬鹿にされるが、堅物も揶揄されるのだから、うかうかしていられない。なお「石部金吉金兜」という言い回しもある。ただでさえお堅い金吉さんが金の兜を被ったらカッチカチである。
《用例》　結婚の対手が――では窮屈だ、若いころの恋愛ならいくらあったって少しも縁談にさしつかえない（宮本百合子『若い婦人の著書二つ』昭和一五年）

当時の辞典の語釈
戦前に発行された辞書の語釈を採録した。

引用元辞典番号
引用した辞典に番号を振り、204 頁に引用元辞典一覧を示した。

用例
見出し語をその意味で用いた文学作品から引用。見出し語が入る部分に ―― を入れた。

生活

お母さんはお手伝いさんに料理を教え、
お父さんはラッシュアワーの
電車に揺られて帰宅、
お姉さんはエスにお手紙をしたため、
お兄さんは円タクを拾ってカフェーへ。
ああ、忙しいモダン生活。

イージー・マーク

［いーじー・まーく］

お人好し、間抜け、女に甘い男。『ハハン、あのイージー・マークか』などと合点されるような人物は、どっかこう、しまりのない、所謂《いわゆる》、『あまちゃん』である。②

㊎解 近い言葉に**ヌーボー式**（つかみどころのない人）、**夏羽織**（夏羽織は薄いから着て〈来て〉いるかわからない平凡無能な人）、**御多分《ごたぶん》連《れん》**（主義主張のない付和雷同派）、**コンマ式**（小数点、標準以下で能力の足らぬ人）などがある。めまぐるしい生活をおくっていた近代人にとってマヌケや主張がないことは罪だった。

インテリ賤民

［いんてりせんみん］

「知識的ルンペン」（其項参照）とでも云おうか、其の扮装を拝見すれば、時代の尖端をいくものは斯《か》くあれと云った風な拵《こしら》え、それでカフェに御輿《みこし》を据えたらプレイン・ソーダ一杯を三時間もかかって飲むと云う輩を云う。⑫

㊫ Lumpen はドイツ語でぼろの意味だが、労働者階級から脱落した最下層民をマルクスが**ルンペンプロレタリアート**とよんだことから日本ではルンペン＝浮浪者となった。昭和四（一九二九）年頃の大卒者の就職率は約四〇％、街は「インテリ賤民」で溢れていた。

円婚 ［えんこん］

東京市で昭和八年の四月から始めた市設の結婚紹介所の手数料が一円なので、この言葉が出来たのです。②

㊫ 九〇年近く前の婚活事情である。一円タクシーは**円タク**、一円本は**円本**とよばれた時代、手数料一円の婚活サービスが出るのもさもありなん。「あの人もいい相手にめぐりあったね」「ありゃあ円婚だよ」なんて会話があったのだろうか。昭和八（一九三三）年当時の一円は今の二千円くらい、かなり格安なサービスではある。なお、この項目は『新語新知識 附・常識辞典』の中の「新知識」に分類されていたがあえて入れた。

さよなら五分

［さよならごふん］

編上靴《あみあげぐつ》に対する皮肉である。編上は一一《いちいち》靴紐を結ばなければならないので、他処《よそ》を訪問した場合など、「さよなら」と言ってお辞儀をしてから、紐を結び終るまで五分かかるという意味。⑥

㊖ 手持ち無沙汰な時間はいつの時代にもある。ホームで電車に乗る友人を見送るとき、手を振ってみたもののなかなか発車しないなんてときも「さよなら五分」の時間といえる。皮肉とはいえ**ちょっと詩的**である。

蜂窩生活

［ほうかせいかつ］

アパート生活。詳細はアパートの項参照。⑨

㊫ というわけで「アパート」の項を見ると「借家に不便を感じ、間借に嫌な思いをする都市居住者が住むために、**アパートメント・ハウス**が東京や大阪に出来た。アパートはその略称」「大都市の便利な地点に、鉄筋コンクリートで文化的な設備のあるアパートに住むことは、いかにも近代的で、**簡便な生活**を愛する人にはあつらえ向きだ」とある。最初期のアパート「同潤会」設立は大正一三(一九二四)年、関東大震災復興支援の一環だった。アパートはモダン蜂たちの巣（蜂窩）だったのだ。

ルビ

［るび］

（英 Ruby）「紅玉」又は新聞雑誌等の「振仮名」を云う。転じて漢字に振仮名をつけたように、女房や子供の附いて歩くのを「ルビ附き」と云うが、一人でも済むような用事でも、誇らし気に女中を連れ歩くマダムのことも「ルビ附き奥さん」と称せられる。⑫

㊎ ふりがなをルビとよぶのはイギリスで活字のサイズを宝石名でよんでいた名残で、つまりルビー（紅玉）の意味。モダン語の場合は小さいのをゾロゾロ連れて歩くことを表すらしい。

【あくたもくた】

［あくたもくた］ 芥藻屑の意。何の役にも立たぬ物事を、あざけって云う言葉。「あくたもくた打《ぶ》ち撒ける」などという。又、あくぞもくぞ、あくぞうもくぞう、あくたいもくたい、などいうも、みな同じ言葉から出たのである。①

解 語釈中の芥も藻屑も「塵芥《ちりあくた》」とか「海の藻屑」などの慣用表現以外ではあまり見かけなくなった。芥は塵、ごみの意で、藻屑は藻の屑のこと。とるに足りない有象無象くらいの意味か。役に立たない物や人に関する語が多いのも、急速に近代化が進む「スピード時代」ならでは。なお、山形県、および新潟県岩船郡の方言でもある。

《用例》此の世間的な――(原表記：アクタモクタ)をも避けないで、肯定した上に立って進んでいく方が、やっぱし作家としてのホントの道じゃないかと、近頃、そんな気がするものだから――(三好十郎『好日』昭和一六年)

【石部金吉】

［いしべきんきち］ 品行方正な人、即ち石のように堅い人のこと。㉓

解 ぼうっとしたマヌケな人も馬鹿にされるが、堅物も揶揄されるのだから、うかうかしていられない。なお「石部金吉金兜」という言い回しもある。ただでさえお堅い金吉さんが金の兜を被ったら全身カッチカチである。

《用例》結婚の対手が――では窮屈だ、若いころの恋愛ならいくらあったって少しも縁談にさしつかえない(宮本百合子『若い婦人の著書二つ』昭和一五年)

【海億山億】

［うみおくやまおく］ 海千山千は既に古くさい。少くとも今日に於ける巧智老獪《こうちろうかい》は時代に順応して海億山億の発展性がなければ不可《いけ》ないという。ナンセンス語。③

解 海千山千は古くさいと一蹴しているが、現在でも一般に使われている。既にある言い回しを少し大げさにしたものは大抵定着しない。「海億山億」が廃れて海千山千に戻ったときの世間の空気が知りたい。「やっぱり海億山億は言いすぎた」となったのだろうか。

【方階級】

［かたかいきゅう］「△△区○○町××番地」と書いたら行を改めて「ヽヽ方」と入れないと郵便物の届かないと云う、寂しくも呑気なる階級で

ある。独立の家庭に住んでいる連中は多少軽視した気持ちで使うが、御当人至って暢気なもので「口惜しかったら成って見ねえ。ガーリーが泊りに来るぜ」と、口笛吹いては空嘯《そらうそぶ》いている。⑫

解「〇〇様方」という住所もあまり見かけなくなった。これは人の家の二階や同じ敷地の離れなどに寄宿している人の住所である。郵便物は門扉の表札を見て配達されるため、家主の名を明記する必要がある。要は、下宿人の身分ということだが、この流行語は気楽さも表しているらしい。

図版出典Ⓐ

【缶詰芸者】

［かんづめげいしゃ］蓄音機のこと。植民地あたりで云う。音符さえあれば、芸者を侍《はべ》らして面白く歌を聞くのと同じことだと云う洒落。⑥

解 言葉だけ聞くと芸者を缶詰にした猟奇的シチュエーションが思い浮かぶが何のことはない、蓄音機（レコードプレーヤー）のことである。大正から昭和にかけて流行歌を歌う芸者や、芸者出身の歌手が一大ブームになった。彼女たちは「うぐいす芸者歌手」とよばれたが、なかでも市丸（一九〇六～九七）と小唄勝太郎（一九〇四～七四）の人気はすさまじく「市勝時代（または勝市時代）」と言われるほどだった。なお、缶詰は日清戦争（一八九四～九五）、日露戦争（一九〇四～〇五）から軍用食糧として用いられたが、大正一二（一九二三）年九月一日に起きた関東大震災の際、米軍から救援物資として送られて急速に広まったとされている。缶詰と芸者、流行りものをくっつけた言葉ということになる。

【寄生聴】

［きせいちょう］寄生虫をもじった言葉で、自分の家には蓄音機やラジオを備えず、隣家のを聞いて、それで間に合わせること。昔、兼好法師はその著「徒然草」の中で、『猫は隣りので間に合わせる』という意味のことを述べているが、昭和の今日、到る処に拡声器《ラウド・スピーカー》が首を延ばしているので、時と場合に依っては寄生聴でも結構要領は得られるというもの。正に昭和新時代語。⑨

解 ラジオの本放送が始まったのは一九二五（大正一四）年七月。新聞や雑誌など既存メディアに比べて格段に即時性があったために、瞬く間に普及した。ニュース、娯楽番組、子供番組のほか、六大学野球や大相撲などの実況中継に人気が集まった。当時の受信機は七割が鉱石ラジオ。今の物価で換算すると十万円ほどで、若いサラリーマンや学生などには手が届かず、一台に寄り集まって聞くしかない。寄生虫の存在が身近だった時代のお話である。

【今日は帝劇 明日は三越】

［きょうはていげきあすはみつこし］ 最初は三越呉服店の広告文句であったが、所謂《いわゆる》「お蚕ぐるみ」とよばれる人々が日々に享楽的の月日を送っているという諷刺の言葉に用いられている。④

解 このキャッチフレーズが登場したのが大正元（一九一二）年、三越の宣伝部長である浜田四郎の手により、PR誌『三越』に掲載された。発表とともに大反響をよんだが、ブルジョアぶっているという非難も既にあったらしい。三越上層部からも堅実路線を求める声があったようで、大正七（一九一八）年、浜田の大阪転勤を機に姿を消したが、世人の口にはいつまでも上ったという。よくも悪くも人々の感覚にぴったり嵌《はま》ったのだろう。

《用例》数十年の昔、私の耳目にも触れていた或百貨店の宣伝標語「――」という言葉を、最近ふと私が思い出したのは、同じ日に帝劇を観、且つ三越創立五十周年記念の催しに列席したためであった。」（正宗白鳥『今日は帝劇、明日は三越』昭和二九年）

【高遠の理想】

［こうえんのりそう］ 大隈侯の標語の一つ。近来は、実現し難い、迂遠《うえん》の事についていう。④

解 大隈重信（一八三八～一九二二）はイベントや講演に招かれてはあちこちで演説しているが、大正四（一九一五）年発行『大隈伯演説集 高遠の理想』の五年後にも早稲田高等学院開院式の式辞で高遠の理想を云々しているので、お気に入りのフレーズだったようだ。高遠の理想とは哲学をもって政治を行うことだそうで「俗人は大言を放ち壮語を弄するが如く思うかも知れぬが」（高等学院開院式における大隈重信総長の式辞）と牽制しているものの、流行語辞典では大隈重信が危惧した通りに「実現し難い、迂遠の事」と俗人らしく揶揄していて面白い。

【高等】

［こうとう］　一種の流行語で、単にすぐれているという丈の意味。高等旅館、高等下宿、高等貸家、高等理髪店などという。④

(解)　優れているという意味でありながら、旅館だ下宿だ理髪店だとやたらに庶民的な言葉に付くのが面白い。現代でも高等電話（スマートフォン）とか高等喫茶店（おしゃれなカフェ）とか使えそうだ。

《用例》　——御《おん》下宿と書いてある看板が本郷あたりによくあったものだけれども、じっさい華族なんてものの大部分は、——御乞食《おんこじき》とでもいったようなものなんだ。（太宰治『斜陽』昭和二二年）

【サイノロジー】

図版出典Ⓐ

［さいのろじー］「細君にのろい」を、サイコロジー（其項参照）の発音にもじって言う。妻惚《さいのろ》＋gyである。④

(解)　女性版の「テイノロジー（亭主にのろい）」もあるらしい。のろいとは異性に対して甘いという意味であって動作が遅いということでも呪っているわけでもない。「のろけ」の「のろ」である。いかにも大正末期の自由恋愛の末の自由結婚という感じで微笑ましい。

《用例》　東京で流行《はや》る——　——と云う／田舎にはない新言葉／西洋の煙草の名でもあるか知らと／留さんは思っていた」（野口雨情『都会と田園』大正八年）

【薩摩守】

［さつまのかみ］　平家の落武者薩摩守忠度（タダノリ）から思いついた語で、無切符で電車や汽車にのる所《いわ》謂《ゆる》「ただ乗り」することをいう。③

(解)　ウィットに富んだ言い回しである。が、残念ながら自動改札が主流になった昨今では無賃乗車は難しい。よって奢ってもらうときにでも応用していきたい。

【散文的】

［さんぶんてき］　無趣味の意味。即ち何等の人間味もないような殺風景な人をいう。㉓

㊙解 散文とは韻文の対義語で、詩や俳句のように韻律や句法が決まっていない小説や評論など普通の文章のことを言う。なぜこれが「無趣味」とされるのか少し不思議だが、詩情に欠ける＝つまらない、平凡という意味らしい。詩が今より重んじられていた時代の言葉である。

《用例》 歌はうまいのかまずいのか、――な僕にはわからなかった。（芥川龍之介『変遷その他』大正一四年）

【淑徳持ち】

［しゅくとくもち］ **右手首で包を抱え、上腕《うわうで》に支えて物を持つこと。淑徳女学校の生徒が始めたというので此の称がある。今では一般に女学生がやっている。**①

解 明治五（一八七二）年に初の女子高等学校である官立女学校（お茶の水女子大学附属中学校・高等学校の前身）ができたのを皮切りに大正デモクラシーの波に乗り大量に開校した女学校は、辞書が出た大正一三（一九二四）年には六百前後あり、彼女たちに対する呼称もさまざま存在した。例えば、「女子師範や女子高等師範へゆく様な女に美人はいない」という意味の「師範面」、東京女子大学の異名の「姥捨山」、「東京高等師範附属お茶の水学校式のこと。ハイカラで、快活で、現代的で、貴族的と平民的との折衷である」意味の「お茶水式」、虎の門にあった東京女学館を指す「虎の門式」などである。なお「虎の門式」の語釈を「名門の息女が集まる学校だけに仲々凝ったもので、男子の慶應と対比されている。通学にも化粧を施し頗《すこぶ》る艶《えん》な所があり、服装などもいくら学校でやかましく言っても改めず、皆めいせん以上の品を身に纏い、中には指環をはめていくものもある」とする新語辞典もある。

【新聞電車】

［しんぶんでんしゃ］ **特に大阪にあるもので、午前二時頃の深更《しんこう》、郊外住宅地に配達される朝刊を輸送するために出す電車で、人間もこれに乗れ、終電車以降の終電車になっている。**⑩

解 終電の後にもう一本あるとは羨ましい。乗り継ぎがうまくいかず終電を逃すなんてよくある話。そんなとき、あと一本あればと思うがあればあったで、新聞電車に間に合わないとやっぱり走っているかも？

【すこやけ】

［すこやけ］ **少しく嫉妬の意あること。「すこやけの気味」など。**①

（解）すこぶるという言葉が明治時代に流行し、活動弁士の駒田好洋などは「頗る非常」を口癖にして「頗る非常大博士」を自称していたが、ここでの「すこ」は少しという意味らしい。ちょっと妬けるという言葉を略しているところに照れが見えてなんともかわいらしい。今なら「ちょい妬け」といったところか。

図版出典Ⓒ

【銭タク】

［せんたく］ 市内ならどこへでも一円で行くというタクシーも。不景気と競争者がどんどん殖えて来るために客が減ったので、二哩《マイル》まで五十銭、あと四分の一哩毎に十銭といういわゆる五十銭タクシーが現れて来た。それを略して「銭タク」または一円の半分というところから「半タク」などという。『旦那、銭タクです、浅草まで如何《いかが》です』などは東京街上風景の一場面。⑨

（解）円タクが登場したのは大正一四（一九二五）年、大阪でのこと。二年後には東京から全国にまで広がり、過当競争の末、交渉次第で五〇銭、三〇銭、とダンピングされた。昭和一二（一九三七）年には距離制メーターが採用されたため、わずか一三年ほどの命だった。ちなみに、大正一三年当時の一円は今の四千円くらいに当たる。距離によっては安いと言えるかもしれない。

【ダアー】

［だぁー］ 撮影所から通語となったもので、驚いたの意。又、びっくりした、悄気《しょげ》させられた、負けた等の意にも用いる。③

（解）この言葉は戦前のエッセイやインタビューなど、話し言葉で書かれた読み物でよく見かける。『モダン流行語辞典』の用例は「あの時は彼女にもてたネ」「何を云う、ダァーだ」。『新語新知識 附・常識辞典』の用例は「さすがの俺もダァーとなっちゃった」。ニュアン人が解りにくいのだが「顔負けするね」「恐れ入るね」「鼻白むね」くらいの意味だろうか。話し言葉では「ダァー」のみの場合もある。

【大正芸者】

［たいしょうげいしゃ］「大正になって出来た」「最も近代式」などいう意味ながら、「簡単」とか「軽便」という意味をも含んでいる。芸ごとなどは二の次として高等内侍《こうとうないし》（其項参照）の方に重きを置くもの。④

㊖ 大正と付く言葉で今も使われているのは「大正琴」だろうか。琴なのにピアノの鍵盤のようなキーがついており、心得のない者でも比較的弾きやすいので「近代式」で簡便で画期的な楽器だ。ちなみに、内侍といえば天皇に近侍する女官の総称だが、高等が付くとなぜか私娼のことになる。つまり芸よりも春をひさぐ方に重きを置くのが大正芸者というわけ。

《用例》いずれにもせよ、飴チョコ、大正琴、――と云った風な、あわつけな、いい加減な面の大正文化を見せられた感じのものであった。（正《まさ》岡容《おかいるる》『大正東京錦絵』昭和二三年）

【ダンゼン】

［だんぜん］断然なり。殆《ほと》んど意味なく会話の中にはさまれる。『断然ゆくぞォ』といっても、別に決意を表明するのでもなく、『そいつァ断然よい』といっても、その断然に確定的な意味がある訳でもない。②

㊖ 要するにちょっとした強調語なのだろう。昨今の「超〜」や「ガチ」に近いのかもしれない。いつの時代も若者は一種の自己顕示欲から意味もなく強調したがるものである。

《用例》きょうは、夫婦喧嘩でね、陰にこもってやりきれねえんだ。飲もう。今夜は泊るぜ。――泊る（太宰治『桜桃』昭和二三年）

図版出典Ⓐ

【チェイン葉書】

［ちぇいんはがき］（英 chain postal card）「幸福葉書」ともいう。一九二〇年頃外国に流行し、大正十一・二年頃日本にも盛《さかん》であった。一定の文句を書いた末に、「同文のものを九枚、葉書を以て知人に発送せられよ。もし其の連鎖を絶ゆる時は貴下

に禍《わざわい》来るべし」など附記したのである。⑥

解 いわゆるチェーンレターの最初期のものとして有名な「天国の手紙」は印刷技術の発明から約半世紀後の一五〇〇年頃、ドイツのミュンヘンで発行されている。これは石の下から見つかったキリストが書いた手紙とされ、一七世紀から一八世紀にかけてアメリカに伝わった。また、郵便物を受取人に複写させて郵送するよう指示する手紙は一八八八年のものがあり、貧しい人に寄付するため一〇セント硬貨を郵送元と四人の友人に送るよう指示していた。語釈の一九二〇年に海外で流行したものは葉書形式のものだろう。今ではメールやSNSで廻っているというから、ネズミ算式の手紙を送って影響力を持ちたいという顕示欲はいつの世も変わらないようだ。それにしても、従わなければ禍いが起るのに「幸福葉書」とはいかに。

【ちっとも】

［ちっとも］**「ちっとも」と来たら否定の「ない」が附くのが普通だが「失礼、痛くありませんか?」「いや、ちっとも痛い」と云った具合に、否定のつかない用法なのだから変っている。思うに「ちっとも」と一応礼節を守っては見るが、敢《あえ》て感情までは偽らないと云う所に、モダン語としての存在価値があるらしい。ところが此語、時として「奴ちっともひでえ」なんて使われるから面白い。思うに「とても」と同意味なのだろうが、何としても使用法は滅茶で、乱暴で「何が何だか分らないのよ」的である。**⑫

解 否定語で用いていた副詞が大正頃から肯定的に使われるようになった言葉に「とても」もあると芥川龍之介（一八九二〜一九二七）は書いている。同時期に発生したのであれば興味深い。

【中年の恋】

［ちゅうねんのこい］**男子は四十歳、女子は三十歳の時代に起る恋で、愛着が強い。**④

解 この頃（大正時代）に「中年の恋」といえば小栗風葉《おぐりふうよう》の小説『恋ざめ』明治四一（一九〇八）年か、田山花袋『蒲団』明治四〇（一九〇七）年辺りを想起するのだろうか。それにしても四〇歳と三〇歳で中年とは隔世の感がある。余談だが「老いらくの恋」という言葉が流行ったのはその二五年後の昭和二三（一九四八）年、歌人川田順が弟子の女性（当時三九歳）への恋愛感情を自虐的に称した言葉だが、当時の川田は六六歳、こちらは今の感覚にしっくりくる。

《用例》女は二十《はたち》以前、それから母になって後という者は概《おおむ》ねそれらの欲が少くなり、または殆ど忘れる者さえあると申しますのに、近年男の文学者の諸先生の中には——と申すような事が行われます。（与謝野晶子『産屋物語』明治四二年）

【超】

［ちょう］ **超越していること。普通でないこと。も一つ脅かしたのは超々とつづける。超々特作映画など。**③

（解）昭和初期にも「超」はあったがその使用は「超特急」や「超弩級艦」など速さや大きさに限られていた。現代に強調語として使われる「超《チョー》」に当たる言葉は当時は「ウルトラ」であった。超モダンはウルトラモダン、超人はウルトラマンと言った。ニーチェ（一八四四～一九〇〇）と「超人」思想が日本に上陸したのは明治三九（一九〇六）年である。「ウルトラマン」と聞けば特撮番組のヒーローを思い浮かべるが、その前身『ウルトラQ』は、東京オリンピックの前年、昭和三八（一九六三）年に体操競技の強化委員だった上迫忠夫が当時の最高難度Cを超えるという意味で使った「ウルトラC」を、アナウンサーが本番の中継で使い流行語となったことで名付けられた。

《用例》それは何か——人間的な力によるもののごとくである。（堀辰雄『芸術のための芸術について』昭和五年）

【通過駅】

［つうかえき］ **列車が停らずに通過してしまう駅のことだが、転じて「月給取の懐」をも云う。辛うじて家族の生活を支え、どうにか食べ凌いでいる俸給生活者は、月末に俸給を貰うと、右から左へ、そのまま諸払にみんな出てしまう悲哀を云ったものである。古川柳に「これ小判、たった一晩いてくれろ」とある位だ。俸給が停車しないで、右から左へ抜けてしまうという点を譬喩《ひゆ》的に通過駅というのである。**⑨

（解）これは現代でも大いにある現象だ。しかし駅に例えたところが

図版出典Ⓐ

モダンである。都市部では交通網が張り巡らされ、通勤・通学の足としてとても身近なものだった。

【ツてき】

［つてき］ **ツェッペリン飛行船から出た言葉で厳丈なよく太った女を指して云う。**⑩

解 ドイツでフェルディナント・フォン・ツェッペリン伯爵が硬式飛行船を開発したのは一九〇〇年のこと。その二八年後には全長約二三七メートルもある世界最大級の飛行船LZ127（愛称は伯爵を意味するグラーフ）が登場。一九二九年八月に地球一周を目指して飛び立ち、同月一九日に霞ヶ浦にやってきた。五日間滞在したというが、そのときの騒ぎはひとかたならぬものがあっただろう。『モダン辞典』が出る一年前のことである。女性への蔑称としてはひどいが、大きいものはなんでもツェッペリンと名付けてはしゃいでいた様が目に浮かぶ。

【ツンドク】

［つんどく］ **積んで置くの意。即ち愛読せずに円本等を多数申込んで買取り其儘《まま》に書斎に積んで置く意を諷《ふう》したもの。其の人々をツンドク階級という。**③

解 積読は今でも使う言葉だが、明治時代から存在する。考案者は東京市長だった田尻稲次郎とも内田魯庵ともいうが、日本中の積読を恐るべきスピードで促進したのは大正一五（一九二六）年に改造社が刊行を始めた円本だろう。円本とは、一冊一円の全集を事前に予約申込させるシステム。安価で教養主義を満足させたことで大当たりをとり、多数の出版社が追随した。が、揃えると五〇巻近くになるものも多く、春秋社の『世界大思想全集』に至っては全一二六巻、定期的に届いたところで読み切れるものではなかった。買ったはいいが次々届く本に狭い部屋が侵食される「ツンドク階級」の困り果てた姿が目に浮かぶ。

《用例》 世間には何を研究するというでもない書物道楽の——先生があって、其所有欲を満足せしめんが為め高価を惜まない者が多いので、斯くも骨董品化した甚だしい騰貴《とうき》を来たしたのである（宮武外骨『骨董品化した古珍書』昭和二年）

【低徊趣味】

［ていかいしゅみ］ **人生・生活などというものを真面目に四角張って考えたり、悲観厭世したりせず、道草でも食って呑気に人生とか生活とかいうものを見てゆこうというのであ**

る。夏目漱石氏一派の盛んに高唱した言葉で氏の作品「草枕」「虞美人草」などは最もその色彩が強い様に思われる。④

㊙解 人生の一時期にでもこんな心境になってみたいものである。

《用例》文章に――と云う一種の趣味がある。是は便宜の為め余の製造した言語であるから他人には解り様がなかろうが（夏目漱石『高浜虚子「鶏頭」序』明治四〇年）

【鉄管ビール】

［てっかんびーる］**平民階級の人間が瘠《やせ》我慢を張って叫んだ楽天家振りの言葉である。水道の水のことをしゃれて言ったもので、水道の水が鉄管で引いて来てあるからかく名づけたのである。**⑥

解 こんなにも哀しい言葉を聞いたことがない。いくら「しゃれて」「楽天家振り」といわれてもビールと水ではあまりに違う。聞いてるだけで涙が出そうである。

《用例》名探偵の勝利である。さあ、シャンパンでも抜こうかという順序になるわけだ。シャンパンがなければ――で間に合わせておけ！（佐野昌一『虫喰い算大会』昭和二一年）

【どーまり】

［どーまり］**「何《ど》うもありがとう」の緊縮したもの。**③

解 やたらと「緊縮」した言葉が流行ったようで、勿論を「モチ」、当たり前を「アタ」、ついには既に略されているはずのO・Kをも「オーク」と言ったりしたそうな。が、これらの言葉によってどの程度の時間が「緊縮」されているかは怪しいものである。

図版出典Ⓐ

【にこぽん式】

［にこぽんしき］**八方美人。にこにこして背をポンと叩いて『ねえ君！』と来るから。**㉓

解 つまり、笑顔で相手を懐柔する処世術ということだろう。この名でよばれた政治家が、内閣総理大臣桂太郎（一八四八～一九一三）。大正二（一九一三）年に「東京日日新聞」記者により「ニコポン宰相」

「ニコポン主義」と名付けられたという。

《用例》文人風の洒脱な風流気も通人気取の嫌味な肌合もなかった。が、同時に政治家型の辺幅《へんぷく》や衒気《げんき》や倨傲《きょごう》や――(原表記：ニコポン)は薬にしたくもなかった。(内田魯庵『二葉亭余談』大正四年)

【ノー・バット・フィーリング】

［のー・ばっと・ふぃーりんぐ］(英 No-bad-feeling)**一時流行した『悪く思うなよ』にあたる言葉。**②

㊫悪く思われるような状況でこんな斜に構えた言葉を言われたら殺意が湧きそうである。

【や】

［や］**「嫌や」の略。例えば「やですね」と言えば、「嫌ですね」のこと。専ら東京人間に用いられる。**③

㊫とかく江戸っ子は略したがる生き物だが「いや」を「や」に縮めるとは感心する。同じく「や」に関連した流行語に「やじゃありませんか」があるが、これには侮蔑的なニュアンスがあるらしい。今なら「やじゃないですか」と言うところを「ありませんか」と丁寧な表現にしたところが確かに感じが悪くてよろしい。

【羅漢様】

［らかんさま］**働かない人。『働らかいん』の『はた』を取ったもの。**②

㊫本来の「羅漢」は悟りをひらいた高僧のことでこれ以上の修行の必要がないほどの最高位の意味である。強烈な皮肉のようでいて俗世間での労働を放棄した高次元な人間ともとれる含蓄のある言葉である。だが、こう言われたら負けだ。

【ラムネ】

［らむね］**月賦の隠語。ラムネを飲むと「ゲップ」と来るから。「オイ、すばらしい服を造ったナ」「なアに、ラムネさ」など。**⑬

㊫炭酸飲料といえばコカコーラが有名だが、実は大正時代にはすでに輸入されている。大正三(一九一四)年に、高村光太郎が「狂者の詩」の中で「コカコオラ、THANK YOU VERY MUCH 銀座二丁目三丁目それから尾張町」(『道程』抒情詩社、大正三年)と書いているのが時期的に早く、五年後には輸入商社「明治屋」で売られ始めている。かたやラムネの販売は明治元(一八六八)年から始まっていて、大正時代には珍しくもないありふれた味である。月賦の情けない弱々しい感じが実によく似合う。

序文の愉しみ

国語辞典や英和辞典を持っていても、その序文を読んだことのある人は稀ではないか。辞典はあくまでも言葉の意味を引くツール、読み物として楽しむ習慣はあまりない。

しかし、本書で取り上げている流行語辞典は「引く為めの字引というよりも寧《むし》ろ読んでその社会を知るといったような役目をする字引ではないかと思う」（「はしがき」宮本光玄『モダン隠語辞典』誠文堂、昭和六年）とあるように、読み物の要素が強いため、それぞれ工夫を凝らした楽しい序文がついている。

序文が読者に一番に訴えたいことは「時代の流れが速い」ことと「時勢に乗り遅れないよう本書を読むべし」ということだ。その速さを示すのにさまざまな表現が使われている。

曰く、

時代は奔流の如き超スピードで動いている。同時に我々の思想や感覚も、また嵐のような急テンポで変わっていく。そこで新らしい知識やモダンな言葉が、さながら輪転機からでも刷り出すように、後から後からと際限なく出て来ようという訳である。（「はしがき」中山由五郎『モダン語漫画辞典』洛陽書院、昭和六年）

文化は進み、時勢は遷《うつ》る。めまぐるしい程の急テンポで――近来は殊に素晴しい飛躍です。映画、スポーツから、文芸、科学は勿論、政治、経済、軍事、外交、さては教育、宗教に至るまで、今年の日本は去年の日本に非ず、明日《みょうにち》の日本は又既《すで》に今日《こんにち》の日本でないと云っても過言でありません。（「本書を世に送るに就《つい》て」淵田忠良編『新語新知識 附・常識辞典』大日本雄弁会講談社、昭和九年）

つまり、現代は止まる処を知らず、突進するロケットである。物凄く時代が進転する、ルゝゝゝ音をたてて、突進するロケットの姿こそ、現代の姿であろう。（「序」喜多壮一郎監修『モダン流行語辞典』実業之日本社、昭和八年）

いずれも未来は常に進歩するものと確信していることが伺え、そのポジティブさに羨ましささえ感じる。

また、著名人が序文を寄せることもある。

国運は年々に進歩し、生活は日々に新味を加え、環境は月々に変化する。『新しきものへの躍進』である。新しきを知るのでなくては時勢に取残されてしまう。（鳩山一郎「序」淵田忠良編『新語新知識 附・常識辞典』大日本雄弁会講談社、大正九年）

近頃新しい言葉が沢山出来て、大学者にもわからない。『「トテシャン」とは三味線の何かかね』と某東大名誉教授が云った位で、辞典がなければ困る事夥《おびただ》しい。しかし凡そ辞典位読んでつまらないものはない。（高田義一郎『「現代」の新語辞典』現代編集局編『現代新語辞典』大日本雄弁会講談社、昭和六年）

鳩山一郎は総理大臣を三期務めた政治家だが、辞書発行当時は文部大臣だった。高田義一郎は医者で文筆家、当時の売れっ子である。彼らに「時勢に取残されてしまう」と言われれば、すわ！ と辞書に飛びつくしかない。

会話調の序文もある。

何かの婦人雑誌を読んでいた春子は、思いついたように、
春子『兄さん、シャンて、何の事なんですか』
秀雄『シャン？……』
問われた秀雄は、一寸困った。その意味を知ってはいたが、何だか明らさまに言って聞かせる気になれなかった、（『何故秘密辞典は生れたか』自笑軒主人著『秘密辞典』千代田出版部、大正九年）

会話は父母をも巻き込み、シャンから長崎弁の「相思《シーンス》」（相思相愛の意味。中国読み）に飛び火し、その後友人との会話で秀雄が『秘密辞典』愛読者ということがわかる。一冊の辞典がコミュニケーションを生む理想的な風景が描かれている。

顧みれば現代は、インターネットが普及し地球の反対側の人とも瞬時に繋がってしまう時代、当時よりよほど「超スピード」で動いている。流行語大賞で選ばれる言葉が初耳という場合すらあるほど、流行語自体すっかり局地的なものとなってしまった。世界共通の新思想・新概念を誰よりもはやく理解せねばと躍起になっていた時代がなんともいじらしく、愛おしく思えてくる。

なお、本書をお読みいただければ「トテシャン」も「シャン」の意味もわかる。どうか安心されたい。

大正3（1914）年に落成したルネッサンス様式の三越日橋本店新館は「スエズ運河以東最大の建築」と称され、最新設備が備えられた。

学生語の多くは旧制一高由来なり。
外国語に重点を置いたカリキュラム、
全寮制、そして近代国家建設を担う自負が
われら一高生の全き特性である。
存分に味わってくれたまえ。

いびつ学校

［いびつがっこう］

四五才の小児が「美術学校」と云おうとして舌が廻らず、偶然発した「いびつ学校」という言葉だが、よく穿った言葉として用いられる。美術学校はその生徒の服装・生活から推して、たしかに「いびつ学校」だというのである。⑥

㊎解 日本で最初の官立美術学校は明治九（一八七六）年創立の工部美術学校だが、七年で廃校し、その七年後に東京美術学校（現東京藝術大学美術学部）ができた。辞書発行時の大正末期は**新興美術運動**真っ盛りの時期。さぞや気負っていたことだろう。

音痴

［おんち］

この言葉の発生地は一高だ。調子外れの寮歌しか歌えない者の事を云う。つまり音が馬鹿なのである。これから延《ひ》いて単に馬鹿の事も指すようになった。『あいつ音痴だなあ』と云えば、場合によって歌が拙いと云う意味にもなれば、馬鹿だと云う事にもなるのである。⑨

㊎解 音痴が昭和初期の流行語で、しかも旧制一高（旧制第一高等学校。現東京大学教養学部、千葉大学医学部、薬学部）発祥だったとは驚きだ。今でも使われる運動音痴（**運痴**）は不得意の用法だろう。

彼女

「かのじょ」

私と云うかわりに自分のことを第三人称にして『彼女はすっかりセンチになったのよ』など用いる。男学生は、彼女の代りに『彼は昨晩ジャンジャン遊んだ』など自分のことを自分で云う時用いる。⑳

㊮ 名前を一人称にして「アヤはね」などというのは若者がやりがちだが、三人称というのは変化球である。演劇のト書き気分なのだろうか。
A「試験勉強をしてきたかい?」
B「昨晩彼は長電話してノー勉さ」
A「誰と電話したのかい?」
B「彼は彼女に電話したのさ」
一体誰と誰の話やら。

コンパル

［こんぱる］

阿弥陀鬮《くじ》を引き、各自金を出して何か食うこと。英語 Company より出でたり学生界の通用語。 ⑭

㊎「合コン」こと「合同コンパ」の「コンパ」とは学生などが開く飲み会を指す。生方敏郎『明治大正見聞史』（春秋社、大正一五年）によると明治期にはすでに食べ物を持ち寄って集まることを**コンパニー**とよんでいる。これが動詞化して**コンパル**になり**コンパ**となった進化の跡が見える。別の辞書では「コムパ」を「あみだ籤」「小茶話会」としていて支払の多寡を決めるあみだ籤は必須らしい。

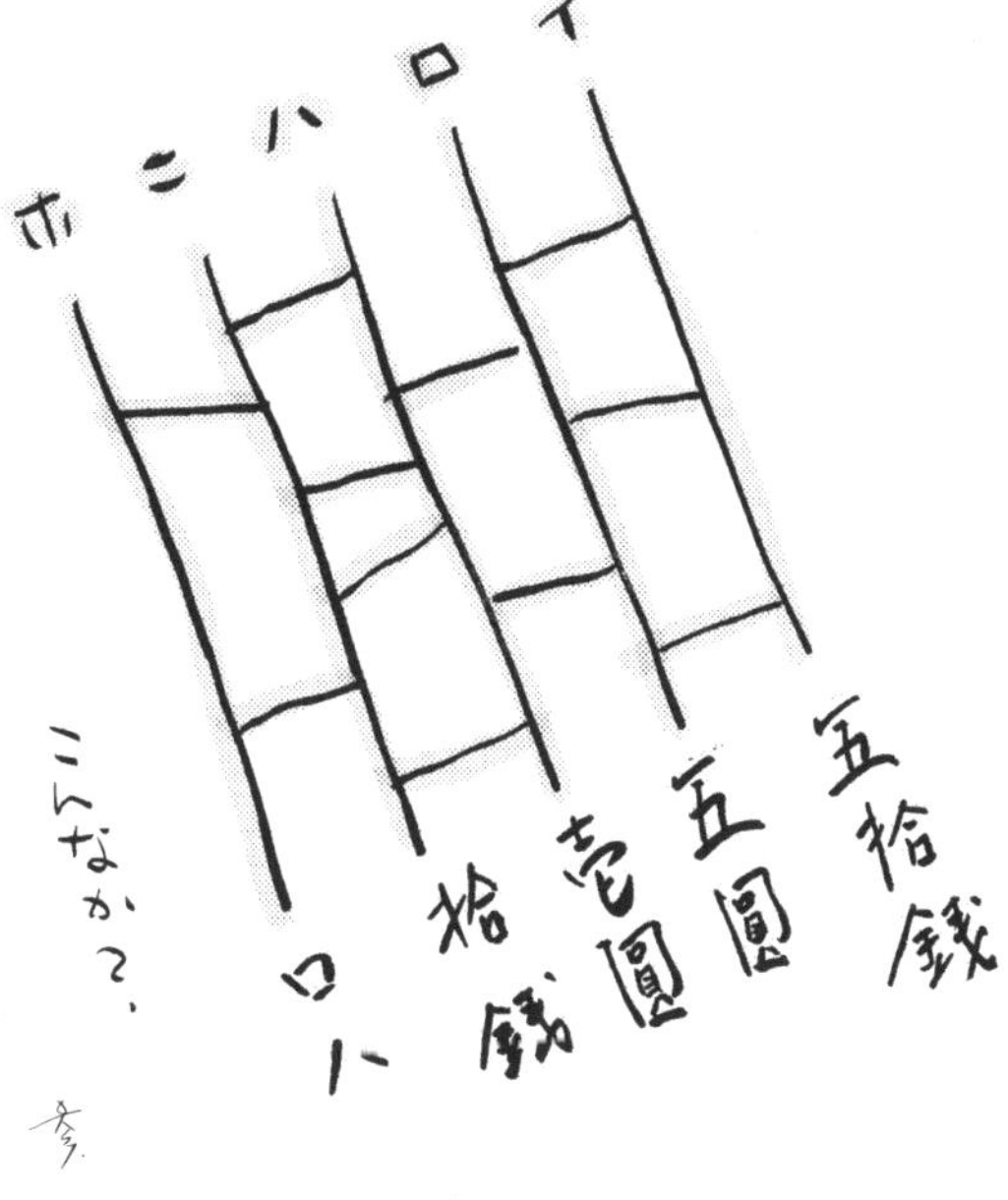

ざくばら

［ざくばら］

包み隠さずに話すこと「ざっくばらん」の略。⑮

㊫なんといってもスピード時代、言葉はどんどん短くなるわけだが、先に紹介した**モチ**（勿論の意）や**アタ**（当たり前の意）以外にも、直談判を**じかだん**、段違いを**ダンチ**、センチメンタルを**センチ**、ボーナスを**ナス**、生意気を**なま**などが「モダン語」とされている。これらを駆使すると「君とナスの額がダンチだから社長にじかだんしてざくばらに話したが、なま言うなと追い返されてセンチになっちゃった」。五秒ほど短縮されたか。

第七天国

［だいしちてんごく］

質屋のこと。映画『第七天国』より来た語。セブン屋とか。一六銀行とかは、もう古い語とされている。⑳

㊫ 映画『第七天国』は一九二七年とその一〇年後、二回作られているが、とくに前者は「恋愛映画の最高峰」とまで言われ大ヒットした。ところで質屋の隠語は江戸時代からある。**歩兵**（金に成るため）、**伊勢屋**（伊勢屋質店という大店があったため）、**七つ屋**、**五《ぐ》二《に》屋《や》**をはじめ、**バンク**、**セブン屋**、**セブン銀行**などなど。それほど身近且つ隠しておきたい存在だったのだろう。

【赤電車】

［あかでんしゃ］ 略して「赤電」とも云う。前出「青電車」の次の、即ち最終発の電車は方向指示板に赤電灯がついているので斯《こ》う呼ばれる。一日の労働を終えたエプロン娘たちが、あられもなく赤いものを出して居眠りをしているから名づけた訳では無い。学生仲間では五十人中五十番と云う飛切《とびきり》無類《むるい》の奴を「赤電」と云う。⑫

㊁ 長々と語釈があるが学生語としては最後の一行が肝である。つまり「赤電」は赤点ギリギリで及第したことを指す。同じような言葉で「逆トツ」（トップの逆）、「ゲーゲントップ」（ドイツ語のゲーゲンは逆の意）もあったといい、トップよりも尊敬される向きがあったとか。若者の自己顕示欲ははかりしれないものがある。

《用例》 ケイオーの学生「あいつ——（原表記：赤電）のくせに悠々してるね」（宮本百合子『宮本百合子全集 第一八巻』新日本出版社、昭和五六年）

【悪魔煙草】

［あくまたばこ］ ゴールデンバットの異名。包装が毒々しく悪魔的な処から、別に「車夫煙草」「馬方煙草」とも云う。（学生語）㉚

㊁ ゴールデンバットは「バット」の愛称で知られ、明治三九（一九〇六）年の発売以来、現役最古の国産銘柄の地位を保ってきたが、令和元（二〇一九）年一〇月に在庫限りで生産終了となった。太平洋戦争前後には「金鵄《きんし》」と名を変えた。「悪魔煙草」とよばれた理由に「悪魔的」とあるが、悪魔主義（一九世紀末に興った文学的潮流。ヨーロッパではボードレールやワイルド、日本では谷崎潤一郎や江戸川乱歩がそれに当たる）的の意味か。煙草は悪魔が広めたとする芥川龍之介の小説「悪魔と煙草」（大正五年）を想起させる呼び方である。

【あるとくらしいい主義】

［あるとくらしいいしゅぎ］ アリストクラシー（其項参照）をもじって「金があると暮らしいい」などいう。⑥

㊁ 「アリストクラシー」を見ると「貴族政治。貴族社会。貴族主義。転じて高踏主義。アリストクラシーの語は又、美術学校辺りでは裕福という意味に用いられている。『有ると、暮しいい』のしゃれだという」とある。あくまでイメージ先

行の言葉ではある。なお、駄洒落を使った主義の語はたくさんあるが「思想」（79頁参照）の項目にまとめている。

【アルノン・オルンナノ・シルリルハ・バルカニ・オオキインナル】

［あるのん・おるんなの・しるりるは・ばるかに・おおきいんなる］

近頃学生社会の一部に流行している言葉で、ドイツ語式であるが本当のドイツ語ではない。ドイツ特有のルとンの二字を巧みに扱ってドイツ語の様に見せかけ、「あの、おんなのしりは、ばかにおおきいな」と云った迄である。④

㊗解 まさに小人閑居して不善をなす、暇な男子学生はろくなことを思いつかない。「巧みに扱ってドイツ語の様に見せかけ」た言葉の内容のなさよ。

【エス】

［えす］ **シスター（姉妹）、シンガー（芸者）、エスケープ（学校を怠ける）等の略。女学生間には同性愛の意味にも使い、男学生間には「スモーク」のSをとって煙草のことにもいう。**⑮

解 エスといえば、戦前の小説にはイエス・キリストをエス様と表記しているものがある。また、エスという犬の名前もポチやンロと同じくらいメジャーだった。さらにはエスペラント語、スパイ、美人（シャンの頭文字。71頁参照）をも指し、ここまでで九種類の意味がある。前後の文脈で判断できるとはいえ機能不全の感が否めない。なお、女学生用語のエスは１０９頁に詳述した。

《用例》――（原表記：S）というのはエスケープの略語、即ち学校をなまける事で、日本の学生特有の読み方である。（杉山萌円『東京人の堕落時代』大正一四年）

図版出典Ⓑ

【エス・オー・エス】

［えす・おー・えす］［英 S.O.S］**「セーブ・アワー・ソール」（Save Our Soul）の略。元来、無線電信用語で、船が危急に迫った時この信号を発し、援《すく》いを求める。これを受信した船は、直《すぐ》に救援に出かけねばならぬ**

し、ラヂオ放送局では、この信号が入ると一時放送を中止する。が、近代人はこれをいろんな方面に用いる。例「明日の試験はとても駄目だわ。エス・オー・エスをあなたに発するわ。」「今月は金が足らん、親爺の処に、エス・オー・エスだ。」⑯

㊫ SOSは実は何の略語でもなく打電しやすく聞き取りやすいモールス符号の組み合わせであるとは日本船主協会の言。また、国際的に遭難信号として無線通信規則の条文に盛り込まれたのは一九五九年と遅いが、日本で通称として使われ出したのは明治四二（一九〇九）年頃という。それはそれとして、学生が無計画に金を浪費して親に仕送りをねだるのはいつの時代も変わらない。明治十年代のごく初期の書生を描いた小説『一読三嘆 当世書生気質』（坪内逍遥）でも、父親に金をせびる口実に酒を六合飲んで四キロメートルほど全力疾走して病院に担ぎ込まれる猛者が出てくる。この人物、医学生の野々口精作は野口英世の旧名（野口清作）と似ているためモデルと噂され、憤慨した野口が英世に改名したといわれている。

《用例》けさ、またまた、新聞よろず案内欄で、たしかに君と思われる男の、たしかに私と思われる男へあてた、――（原表記：SOS）を発見、おそれいって居る。（太宰治『虚構の春』昭和一一年）

【エックス】

［えっくす］（英X）エクスが正しい発音である。数学用語としては「未知数」だが、それから転じて「疑問」の意に使われ「彼女が、首をどう振るかエックスだ」なぞと、心細いことを云っては溜息をついて悲観している人もある。⑫

図版出典Ⓐ

㊫ XといえばXデイ（予測できないが起るべき事件が起る日。不幸の場合が多い）という言い回しがあるが、元は作戦予定日を意味する軍事用語である（作戦名ごとにアルファベットが割り振られているので日本での使い方とは違う）。謎や疑問をXとよぶのはなかなか粋な表現

である。

《用例》 しかし停車場で何の係りをして、どんな事務を取扱っているのか、ついぞ当人に聞いた事もなければ、また向うから話した試もないので、敬太郎には一切が――(原表記：X《エックス》)である。」(夏目漱石『彼岸過迄』明治四五年)

【エム】

[えむ] **英語のMoneyの頭字をとったもので、金のこと。例「おいエムをもっているか」「いや今日は文なしだ」等に用いられる。**⑯

(解) 現金の隠語といえば「ゲル」が有名だが、これはドイツ語のGeldの略である。またフランス語で「アルジャン」ともよんでいたらしい。なお「エム」は他に、梵語の「マラ」から男性器や、英語の「menses」から月経の意味にもなるという。

《用例》「今日お前を呼んだのは他でも無いが……実は――の一件でネ」彼は切出した。森彦が言うには、今度という今度は話の持っていきどころに困った。日頃金主と頼む同志の友は病んでいる。(島崎藤村『家』明治四四年)

【エル】

[える] **男女学生間で恋人或は恋文のことに用いる。即ちLover(恋人)の頭字Lの意味と、love-letter(恋文)の頭字Lの意味である。**㉓

(解) それはまあ、愛がLoveなのだから恋人も恋文もLになるわけである。他に「ラバさん」という言い方もある。それにしてもS、M、Lとまるでサイズのような流行語だ。

【閻魔帳】

[えんまちょう] **学生用語としては教師の持つ採点帳の意味に用いられている。**㉓

(解) 採点帳は教師が生徒のテストの結果や生活態度をつけておく帳面である。これらを集約して成績表(通信簿)が作られるが、この成績表、明治一三(一八八〇)年頃から自生的に起こったようで、評価も甲乙丙(丁)、善能可未否などさまざまだった。なお、甲乙丙丁の呼称が学生語として出ている。曰く、

甲：三味線、蠅叩き(いずれも形が似ているから)
乙：鴛鴦《おしどり》(鳥の形に似ているから)
丙：兵隊さん(音が同じため)
丁：郵便屋さん(〒と似ているから)、電信柱(電柱に似ているから)

《用例》 先生方の――に記されたぼくの氏名には、赤い△印がついたのである。と言うのは、ぼくと同姓の山口校長の修身の時間に修身の教科

書を衝立にして居眠りしてしまったからなのであった。（山之口獏『私の青年時代』昭和三八年）

【オブラート演説】

［おぶらーとえんぜつ］　オブラートに粉薬を包んで丸呑みするように、他人の説を丸呑みにして受売りする演説のこと。⑯

㊙解 オブラートはドイツなどでミサで用いられる聖餅《せいへい》（キリストの身体として配られるパンの代替物）として誕生した。当時は硬質で、薬を飲むときは水にふやかして利用した。日本には明治初期に入ってきたが、明治三五（一九〇二）年に日本人医師が柔軟オブラートを発明し、世界に広まったとされる。最近はあまり言わないものの「言いにくいことをオブラートに包む」（遠回しな言い方をする）という表現があるが、戦前には「丸呑み」の意味があったのだ。なお、演説に関する流行語としては、酒気に乗じて行う「ブランデー演説」というものもある。

【キュッセン】

［きゅっせん］（独 Küssen）接吻するということ、多く学生の間に用いらる。⑱

解 接吻はほかに「ビル」という言い方もあった。なぜビルなのかといえば唇の略語とのこと。キュッセンというとなぜかキスより高尚で美しい気がするから不思議だ。

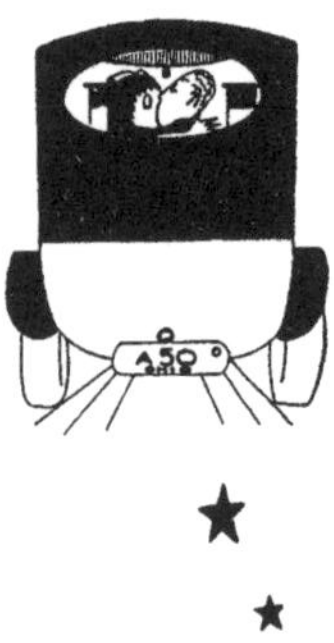

図版出典Ⓔ

【行進】

［こうしん］　一文なしで、又はコーヒー代位で、但しチップ代金一円位は用意して雑踏の中を、一番効果的に使用できるカフェを探して歩く事。⑰

解 少ない出費でカフェーを楽しむべくあちこち歩き回るのも、お金のない学生であればむべなるかな。しかし当時はチップ制であるからコーヒー代だけでは済まされない。このチップ、実はカフェーで給仕をする女給さんたちの生命線なのである。というのも、彼女たちは給料等はもらっておらず、チップだけで生活している。カフェーとは何の雇用契約も結んでいないのだ（まれに一日の売上げに対して一割の奨励金を支給するところもあったらしい）。であるから、本来は女給とオーナーは対等であり、芸娼妓《げいしょうぎ》のように前借金などに縛られることもなくいつでも一方の意思で関係を解除できるはずなのだが。実態はといえば、女給の無知に乗じて罰金制度、出銭制度（料理人の給料や女給の食事代に充てる）、積立金などと称してカフェーがピン撥《は》ねしていたようだ。弱い者が搾取される哀しいシステムである。

【御座る】

［ござる］本来のはたらきを失う意から、種々の場合に用いられる。例えば、「魚がござっている」といえば、魚がわるくなっていること。「腹が少しござった」といえば、腹がすこし空いたこと。「足がござった」といえば、疲労して歩けなくなったこと。「彼の男もござっている」といえば、彼の男ももうろくしているということ。「女にござっている」といえば、女に夢中になっていること。「着物がござった」といえば、古くなって着られなくなったことに云う。①

(解)「御座る」は室町時代から使われている古語で、貴賓席に敷く「御座」（上げ畳）に在る、「ござある」の音変化である。「いる」「ある」「行く」「来る」の尊敬語だが、江戸時代の黄表紙などには「正常な状態でなくなる」という意味で使われた例があると『大辞泉』（小学館）に出ている。使いやすい言葉ではあるが、「腹がござった」がお腹を壊したの意味ではなくお腹がすいたというのは難易度が高い。

《用例》そらきた。水を貰うなら、近いところにもっといい井戸がある。あたしの家へくるのはチトへんだと思っていたが、案のじょう、この兵隊さんはあたしに——（原表記：御座）っていたんだ。（久生十蘭『だいこん』昭和二四年）

【滑稽高慢女】

［こっけいこうまんおんな］「まあ何て失礼でしょう」「なんて低級なこと」口を開けばこんな語を発する女性の事。うどんは食わぬがマカロニを食う様な女の事なり。⑰

(解)身も蓋もない表現である。お高く止まっている女性を揶揄する強烈な表現だが、うどんの代わりがマカロニとは、なんとも可愛らしいではないか。

【麝香の間】

［じゃこうのま］学生の寄宿舎などにて、便所に近い室を洒落れていう。①

解 学生の寄宿舎等とあるが、「音痴」（39頁参照）と同じく旧制一高（旧制第一高等学校）発祥の言葉である。一高はもともと帝国大学の予科という位置づけで、近代国家建設の人材育成機関として明治一九（一八八六）年に創立された。一学年三百人のエリート集団で、入学後も過酷な勉強を強いられた。明治二三（一八九〇）年三月に西寮と東寮が完成した折り、当時の校長木下廣次により学生自治が提言され、その一一年後には寮の増設に伴い全寮制が敷かれた。寮には校長が示した「四綱領」とよばれるルールがあったが、それと別に、草履の義務、制服か和服の着用義務、弊衣破帽（着古したボロボロの服や帽子）など独自の風俗があった。日本有数のエリートである自負と、さまざまなプレッシャーからくるストレスを発散するためか一高生は過激な行動に走りがちで、ほかにも奇習がいくつかあるので本書でも紹介していきたい。なお「麝香之間」は京都御所内や皇居内に実在する部屋の名である。麝香は鹿が臍《へそ》と生殖器の間の袋から分泌する香気な分泌物だが、もちろんここでの「麝香」はその限りではない。

【受験ボーイ】

［じゅけんぼーい］ 受験生といえば、耳障りが穏かだが、受験ボーイと称えると、何となくブラブラしているらしく思われる。中等学校を卒業して、更に上級の学校の入学試験を受けるために、受験勉強をしている学生のこと。⑦

解「受験」という言葉が世に現れたのは明治二〇年代後半のこと。次第に中学生が増大し三〇年代はじめには五万三千人にまでふくれあがった。明治三一（一八九八）年に雑誌『中学世界』が創刊、四〇（一九〇七）年に出た「最近受験界」特集がヒットを飛ばし、大正時代には受験専門誌『受験世界』『受験界』『受験灯』『受験と学生』『考へ方』などが相次いで出た。中学生が増えれば当然受験戦争も激化する。明治末期、中学卒業は三月、高校入試が七

図版出典©

月だったため、旧制一高などを目指す地方の学生は卒業後に上京して神田の予備校に通うのが常だった。神田には一五歳くらいから二六歳くらいまでの受験生、浪人生が大挙していたという。この状態を改善するため、第二志望以下を認める、推薦枠ありなど入試形態は何度も改革された。なお、現在三大予備校とよばれる学校のうちもっとも古い駿台予備校はその前身となる「東京高等受験講習会」を大正七（一九一八）年、神田錦町に開設している。

【書生の羊羹】

［しょせいのようかん］**「焼芋」のこと。**⑫

㊎解 昭和六（一九三一）年に出版された『これ一つで何でも分る現代新語集成』（博隆館）には「島津公」とよぶとあり（島津公は薩摩旧藩主のため）「昔、学生羊羹などと云われましたが今は古い」とある。

《用例》その頃書生の金平糖といった弾豆《はじけまめ》、——といった焼芋などを食わせられた。（森鷗外『キタ・セクスアリス』明治四二年）

【ストーム】

［すとーむ］**（英 Storm）暴風雨。転じて学校の寄宿舎等で暗夜暴行を一挙になすこと。**⑲

㊎解 これも旧制一高名物のひとつ。明治二三（一八九〇）年に東西南北の四寮が開寮したが、極初期から寮が消える昭和二五（一九五〇）年まで行われていた悪ふざけの一種である。多くの場合、深夜に突然「立て自治寮の健男児」（第九回記念祭寮歌の一節）などを大声で高唱しながら寝室のドアを開け「起きろ！」と怒鳴り、鍋を鳴らす、説教、悲憤慷慨、布団を叩く、寝床から引きずり下ろす、酒を飲ませるなどの暴挙を行った。親元から離れた開放感や、青春の鬱屈のはけ口となっていたのだろう。

《用例》そもそもかの——は何であるか。かつて初めて向陵の人となりいたその夜、粉々たる酒気と囂々《ごうごう》たる騒擾とをもって眠りを驚かす一群を見て嫌悪の念に堪えなかった。（和辻哲郎『霊的本能主義』明治四〇年）

【せこちゃん】

［せこちゃん］**学生の用語。せこんど、ちゃんぴおん（英 Second champion）の略、第二選手の義。**⑱

㊎解 最近の若者用語に「ワンチャン」（ワンチャンス、もしかしたら可能性ありの意）があるが、ほぼ

百年前には「セコチャン」があったらしい。とはいえチャンはチャンスではなくチャンピオンのこと。元は一高ボート（端艇）部の用語で、代表選手（第一選手）の「ダイチャン」に対して第二選手を「セコチャン」とよんだという。

【でかる】

［でかる］慶應で発明された語で、怠け遊ぶこと。『デカンショ』から出た語か。⑳

㊫「でかんしょ節」は江戸時代から兵庫県篠山《ささやま》地方で歌われていた民謡「みつ節」が変化したもので、明治中期から全国に広まり、明治後期から大正にかけては学生歌にもなった。ただし学生における「デカンショ」は当時もっとも重要とされた三哲学者、デカルト、カント、ショーペンハウアーの略とされた。「でかんしょ節」の歌詞「でかんしょ　でかんしょで半年暮らす　アヨイヨイ　あとの半年寝て暮らす　ヨーイヨーイヨーオイ　でっかんしょ」から、「でかる」が怠け遊ぶ意味になったと推察される。なお、語釈には慶應で発明されたとあるが、旧制一高の語とする資料もある。

【トリック】

［とりっく］（英 Trick）男学生間に隠語として使われる。カンニングのことである。例「今日の試験はひとつトリックにかけてやろうと思ってまんまと失敗したよ。」⑯

㊫この世にテストがあるかぎりカンニングもなくならない。戦前のカンニング方法とはどんなものがあったかと調べてみると、人の答案を盗み見る、謄写する（佐《さ》藤《とう》紅《こう》緑《ろく》『ああ玉杯に花うけて』〈大日本雄弁会講談社、昭和三年〉）、小さな紙片に書き込んだものを手の裏、足の裏、カフスの裏に隠して持ち込む（柳内《やぎうち》蝦州《かしゅう》『東都と学生』〈新声社、明治三四年〉）などなど。しかし、見つかれば停学や最悪退学になるわけで、あまりにリスキーな手段ではある。

【何か報いましょう】

［なにかむくいましょう］昭和五年陸軍大将山梨半造がコンミッションを取り『何か報いましょう』と云って社会問題を捲き起して以来の流行語で『どうも有難う何か報いましょう』など盛に用いられる。⑳

㊫これは「朝鮮総督府疑獄」という汚職事件で飛び出した言葉とされ、事件発覚は正確には昭和四（一九二九）年七月のことである。当時朝鮮総督に就任した山梨に、朝鮮半島における金鉱、水、証券取引

所などの利権を得ようとブローカーが殺到、とくに「釜山取引所事件（京城に取引所を作ろうとした米穀商が政治献金五万円を山梨に提供）」は中心的事件となった。が、結果的に山梨は無罪、秘書が懲役三カ月となった。それにしてもこの「何か報いましょう」、確かにいろんな場面で使いやすそうではあるが、政治家の言葉は後からねつ造されたものも多い。この言葉はどうだったのか。

【のす】

「のす」「野郎、のすぞ」てな具合に使う。脅迫語としては手頃であるが、烏賊じやァあるまいし、無暗矢鱈に伸されて耐るものか。「のすぞ」と一言、口に出したばかりに「ウーム」と引繰り返った人も数多いと聞く。喧嘩はお止しよ。止さなきゃァのすぞ。⑫

㊫ のすと聞いてなんとなく意味がわかるのは語釈にあるように「のしいか」のお陰か。殴られたり疲れたりしてぐったりすることをいう「伸びる」の他動詞「伸ばす」と同義で「熨す」とも書く。また、学生語とは別の使い方として、遊郭などに遊びに行く（足を伸ばす）ことや、出世することを指す場合もある。

【フリューリングスエルワッヘン】

［ふりゅーりんぐすえるわっへん］（独 Fruhlings erwachen）「春の目醒め」と訳す、ウェデキンドの小説より来る。春情発動期を意味す。学生などの用語たり。⑱

㊫ ドイツの作家フランク・ヴェーデキントの戯曲『春のめざめ』は、ギムナジウム（中高一貫校）に通う少年二人と少女一人の性の目覚めや抑圧、大人の無理解を描いた悲劇で、本国では一八九一年に出版されたものの検閲に引っかかり上演禁止の憂き目に遭った（一五年後上演）。日本では大正三（一九一四）年に野上豊一郎により初めて翻訳されたが、伏字の代わりに文字の抜けた状態で出さざるを得ず、野上は一〇年後に再度翻訳、出版している。テ

図版出典Ⓑ

ーマやスキャンダラスな経緯が耳目を集めたためか、エロ小説と誤解する向きもあったようだ。

【賄征伐】

［まかないせいばつ］ 学校寄宿舎にて寄宿生が種々の方法にて賄方を苦しむる事なるが、暴食して更らに飯を炊かする事あり、器具破壊の乱暴をなす事もあり、多くは副食物貧弱なるに基因す。⑭

解 こちらも旧制一高発祥（大学予備門時代から）の言葉。寄宿寮の食堂はオープンから大正八（一九一九）年末まで業務委託だったが、食事の内容やサービスに対する学生の不満が絶えずくすぶっていた。賄征伐は明治二〇年代から三〇年代がもっとも盛んで、学生たちは食器を割ったり食卓をひっくり返したりと大暴れした。しかし炊夫（調理師）たちも負けておらず、棒や桶や、なかには包丁までをも手に反撃したという。この騒動の背景には学生による業者への蔑視や材料費を抑えて不当な利益をむさぼっているのではという不信感があったらしい。実際には食費の滞納や不払い、物価高騰のせいだった。直営となってからは賄征伐も姿を消したという。それにしても「征伐」という表現には恐れ入る。一高があった本郷キャンパスには今や日比谷松本楼や椿山荘のレストランが入っていて隔世の感だ。

《用例》 恒藤は又──をせず。皿を破り飯櫃《いいびつ》を投ぐるは僕も亦《また》能くせざる所なり。僕問う。「君はなぜ──をしない?」恒藤答う。「無用に器物を毀《こわ》すのは悪いと思うから。──君はなぜしない?」僕答う。「しないのじゃない、出来ないのだ。」（芥川龍之介『恒藤《つねとう》恭《きょう》氏《し》』大正一五年）

【万年床】

［まんねんどこ］ 男学生間に使われる言葉。敷き放しの寝道具のことで、一高寄宿舎の名物として名高い。⑯

解 今では一般語となったこの言葉ももとは一高名物だ。確かに敷きっぱなしはだらしがないのだが、いちいち寝具を上げ下げするのが億劫になってしまうのは仕方がない気もする。

《用例》 昔の書生は恋も戦争もせず、下宿の──にひっくりかえってボンヤリ暮していただけさ。（坂口安吾『ジロリの女』昭和二三年）

【寮雨】

［りょうう］ 第一高等学校の寄宿舎の豪傑連が、夜間便所へ行くのが面倒とあって、寄宿舎の二階から一斉

に小便することがある。これが即ち寮雨で、一高名物中でも、有名なものの一つである。⑫

㊫ 豪傑というよりただのズボラである。この「雨」の後に直射日光が当たると悪臭が立ち上り、風に乗って寮内に入って来たという想像するだにおぞましい証言もある。

《用例》 例えば恒藤は——をせず。——とは夜間寄宿舎の窓より、勝手に小便を垂れ流す事なり。僕は時と場合とに応じ、——位辞するものに非ず。」（芥川龍之介『恒藤恭氏』大正一五年）

【ルとラ】

［るとら］ ルは仏蘭西語の『Ｌｅ』で男性名詞の冠詞、ラ『Ｌａ』は女性名詞の冠詞、即ちルは男、ラは女を表わす隠語。『あのラはシャンだね』など用う。⑳

図版出典Ⓐ

㊫ 映画や文学の影響からか、男女（または恋愛）に関するものはフランス語由来が多い。今聞いても古びない洒脱な言い回しである。了解を「り」、マジ？ を「ま？」と略す言葉が流行っている昨今、「ル」も「ラ」も違和感がない。

【蠟勉】

［ろうべん］ これも一高の寄宿舎でのことだが、十二時になると電灯を消すので、それ以後になって勉強したい人は蠟燭を買っておいてこっそり勉強する。これを蠟勉というのである。㉓

㊫ 「ロウソク勉強」の略である。旧制一高生は入学後の勉強量もすさまじく、とくに試験前はロウソクの火が各部屋に灯っていた。細川武子『女学生日記』（草美社、昭和二二年）によれば消灯時間までは怠けた振りをしてワイワイ騒ぎ、消灯後に密かに勉強することを指すとある。ガリ勉が嫌われる一高らしい。

《用例》 とぼとぼと瞬く灯の下で活字を追っていると、窓の外を夜遊びして帰った寮生の連中が、「——（原表記：ローベン）（蠟燭の灯で勉強すること）はよせ」「糞勉強はやめろ」などと怒鳴りながら通って行く。倉百三『学生と読書——いかに書を読むべきか』昭和二八年）

『や便』について

本書で取り上げているような新語辞典、流行語辞典の元祖といえば、大正三（一九一四）年四月三〇日に発行された『ポケット顧問 や、此は便利だ』（成蹊社）、通称「や便《べん》」だろう。著者は平凡社創業者の下中弥《しもなかや》三郎《さぶろう》（一八七八〜一九六一）。この辞書の爆発的成功により今に続く平凡社の礎が築かれた。

下中は明治一一（一八七八）年、兵庫県多紀郡今田《こんだ》村（現・丹波篠山市）の半陶半農の家に生まれた。

裕福な家だったが、父が急死して貧困となり、小学校初等三年を修了するとすぐに家業を継いでろくろを回している。寸暇を惜しんで読書に勤しみ、なかでも隣家の医者から借りた『実用教育新撰百科全書』（博文館）を愛読した。

その後、下中は古丹波に魅せられ窯業校の受験資格を得るため神戸に出て小学校の代用教員となった。ところが、陶芸よりも人を指導することに目覚め、小学校准教員、正教員試験の資格を得た。この間に物した三〇〇枚の論文「小学校に於ける国語及び其教授法」は自費出版ながら並ではない売れ行きを見せた。これをきっかけに下中は国語教育界の新星として注目を集めたのである。

校長代理まで勤めた後、明治三五（一九〇二）年に上京、中学講義録の校正者をしながら『児童《こども》新聞』（『児童教育』に改題）の執筆を担当。編集者としてのキャリアをスタートさせた。明治三八（一九〇五）年には『婦女新聞』記者として活動、営業回りで付き合いのあった女子美術学校で国漢文講師を務めた。また、『婦女新聞』では社会活動家、評論家の島中雄三（一八八一〜一九四〇）と同僚となり、雑誌『ヒラメキ』で共同経営者となった。

明治四二（一九〇九）年に結婚。生活費のため、内外出版協会から翻訳本を次々に出版、評判をとる。明治四四（一九一一）年には埼玉県師範学校に職を得た。下中がここで愛読していた『群書類従』が後の百科事典編纂への思いに繋がって行く。

そして、大正三（一九一四）年六月一二日、平凡社が誕生、その二か月前に『ポケット顧問 や、此は便利だ』が成蹊社から出版された。

この辞書は「ポケット顧問」の名の通り、縦一七二ミリ、横九〇ミリと小ぶりで、総ページ五二〇。いわゆる袖珍本《しゅうちんぼん》である。

内容は「第一編 新聞語解説」「第二編 実用熟語成句便覧」「第三編 実用文字便覧」「第四編 雑」に分けられており、新語辞典部分は第一編で、流行語、翻訳語、外来語、新意語、現代式転用語が収められている。新意語とは、外来語ではないがそれに刺激されてできた語のことで、現代式転用語とは元の意味から発展した語の意味の由。

この本の執筆のきっかけは、埼玉師範学校時代に学生の答案を見て、間違いやすい文字とその使い方を話したところ、反応がよかったことだった。「それで、新聞語の解説と文字便覧とを一本にすれば喜ばれはせぬかと考え、『何か書いてくれ』と頼んできていた成蹊社の主人秋永君に話したところ、『や、これは便利な本ですな』と二つ返事で引きうけてくれ、書名をどうしますか、と聞くから、その秋永君の言葉をそのまま『や、此は便利だ』とした」と語っている（『平凡社百年史 1914-1973 別巻』平凡社、平成二七年）。それまで外来語の辞書などはあったものの、新聞語、流行語、社会語をまとめ、間違いやすい文字の便覧をつけた本は存在しなかった。また、全国の小学校や駐在所にチラシを送り、注文をとってから販売する方法も功を奏した。『や、此は便利だ』は発行からたちまち版を重ね、「や便」自体が流行語となった。

この勢いに驚いたのが同業者たちだ。「この頃小学校の先生が『や、此は便利だ』という小っぽけな本を自分で書いて、全国の小学校に通信販売で売りつけて、大した金を儲けたそうだ。素人にシテやられて、全く油断はならぬよ」と悔しそうに語る者もいたと、小川菊松『出版興亡五十年』（誠文堂新光社、昭和二八年）にはある。

発行元だった成蹊社は大正三年の時点で早々と破産しているが、社長の秋永常次郎が下中に「あれはまだまだ売れます。先生御自身でおやりになりませんか」と持ちかけ、下中が債権者から紙型を買い取った経緯がある。「や便」は増補改訂を繰り返し、昭和五（一九三〇）年には一二八刷を数えた。一三五版の大増補（昭和一一年）では本文が六一六ページにもなっていた。

下中と平凡社はその後も円本ブームに乗って『現代大衆文学全集』全六〇巻、『世界美術全集』全三六巻の刊行や、雑誌『平凡』創刊、悲願の一大事業『大百科事典』全二八巻発行など出版史に残る仕事を世に送り出したが、『や、此は便利だ』こそは原点であり、下中弥三郎の思想の詰まった辞典なのである。

上野公園は正式名称を上野恩賜公園といい、三代将軍徳川家光が鬼門を封じるために建立した寛永寺の寺領だったが、戊辰戦争で焼けた際、オランダ人軍医アントニウス・ボードウィンが公園として残すよう政府に進言し、一八七六（明治九）年に日本初の公園として登録された。その後、博物館、図書館、動物園、東京音楽学校、東京美術学校などの教育施設ができ、幾度も博覧会の舞台となった。この石段は絵葉書定番の場所である。

外來語

外来語への風当たりは強かった。
曰く借用は日本の恥、曰く国体を脅かす、
曰く国語が乱れる、曰くエログロに偏りすぎる。
が、偉い人が何と言おうと
外来語を操る人こそは尖端人なのだ。

アップ・トゥ・ミニト

［あっぷ・とぅ・みにと］

（英 Up-to-minute）

アップ・トゥ・デイトと大体似た意味で、「最新中の最新」という意味。アップ・トゥ・デイトよりも更に切迫した語。⑫

解 一分前と言ってもいいくらい最新の意味。さすがに「Up to second」（一秒前）はなかったらしい。それにしても、この時代の**最新や尖端に対する貪欲さ**はどうだ。あらゆる思想や文学、音楽、ファッション、用語が流入してくるなか、遅れをとるまいと脅迫的に追いかけているように見え、生きづらそうでもあり、微笑ましくもある。

インフルエンス

［いんふるえんす］

（英 Influence）

「影響」「感化」「勢力」「教化」等の意。「僕がこんなになったのは、彼奴のインフルエンスだ」なぞと使う。⑫

解 辞書発行から約九〇年後の現在、ＳＮＳの発達に伴って、手軽に人に影響を与えたり与えられる時代となった。情報発信力の高い人は**インフルエンサー**とよばれているが、実は戦前に他動詞としての使用法があったのだ。なお、流行性感冒のインフルエンザとして戦前最大規模のものは大正七（一九一八）年に日本に上陸した**スペイン風邪**で、人口比約四三％が罹患したとされる。

ゲシュペンシュテル

［げしゅぺんしゅてる］

（独 Gespenster） 英語のモンスタ即ち「怪物」である。モダン語ではグロテスクの徹底した代物に奉る尊称。⑫

㊫ モンスターと言えば通じるところ、あえてのドイツ語。響きがいかにも「グロテスク」だ。ドイツ名のモンスターといえばフランケンシュタインを思い出すが、原作『フランケンシュタイン、あるいは現代のプロメテウス』の著者メアリー・シェリー（一七九七～一八五一）はイギリス人。主人公の科学者ヴィクター・フランケンシュタインはスイス人である。ドイツのフランケンシュタイン城から着想を得たといわれている。

スペボー

［すぺぼー］

英語のスペシャル・ボーナスの略。経済界華やかなりし頃には、サラリーマン階級を潤して呉れたものだ。さて今日は？さアちょっと心細いね。⑫

㊗解 今でも**冬ボー**、**夏ボー**なんて言い方を見かけるが、日本のボーナス（賞与）は明治時代から存在している（起源は江戸時代とも）。記録の上では明治九（一八七六）年に郵船汽船三菱会社が出したものが最初で、給与の約一カ月分だった。が、毎年出すようになったのは明治二一（一八八八）年まで待たなければならない。

チョコマン

［ちょこまん］

正しく云えばチョコマンサラミーで、八尺数寸と云う怪僧の現われた朝鮮の言葉で、「あの方、ずいぶんチョコマンね」の如く使うのだが、諸君、小さい方が燕となったりハンドバッグ・ボーイとなるのには都合が善いんだそうだから、何も悲観することはありませんよ。⑫

㊙解 明治四三（一九一〇）年から終戦まで朝鮮半島を日本が統治していたため韓国語由来の外来語は多い。韓国語で「小さい」は**チャクタ**、人は**サラム**。**マン**は英語か。

弓削道鏡（ゆげのどうきょう）＝時の女帝孝謙上皇に信任されて権力をふるった僧・道鏡のこと。寵愛の理由として道鏡の男性器が大きかったためという俗説がある。

フリー・バルーン

［ふりー・ばるーん］

（英 Free-balloon）

バルーンは「風船」又は「気球」で、フリー・バルーンは「自由結婚」のことだから取合せが面白い。多分風に吹かれた気球のようにフワフワと一緒になる、と云った意味かも知れない。⑫

㊖ **自由結婚**という言葉も久しく聞かないが、当事者の合意だけで結婚できることがそれだけ当たり前になったということだろう。民法旧規定（昭和二二年まで）では男子三〇歳以上、女子は二五歳以上とされており、今より遅い。

【アイン・パール】

［あいん・ぱーる］（独 ein paar）独逸語の一対、夫婦、相惚れ同志。英語のペアに同じ。『楽しそうに語らっている、あのアイン・パール……』は、『……あの二人連れは……』の意。②

㊫ カップル、アベックと恋人同士を意味する外来語は多いが、ドイツ語まで輸入されていたとは。しかし、明らかに日本語より言葉が長くて言いにくい。隠語として使うといいのかもしれない。「あの二人はアイン・パールだもの」。

図版出典Ⓐ

【アパッシュ】

［あぱっしゅ］（仏 Apache）元来の意味は「地廻り」「浮浪者」等と云うほどのもの。映画で御馴染のパリーの悪漢団のことだ。然し決して真の悪党では無くて、何処か愛嬌と無邪気が横溢した代物で、「盗みはすれど、非道はせず……」の日本駄右衛門に、愛嬌とナンセンス味を加え、それを二で割ったような味のする悪漢だ。⑫

㊫ アパッシュの語源はアメリカ先住民のアパッチ族だが、ここではパリのモンマルトル界隈で徒党を組んで強盗などを行っていた不良団、浮浪児を指す。彼らに粋でお洒落なイメージを与えたのはドイツ・フランス共同製作の映画『パリのアパッシュ』（一九二八年）で、ハンチング帽、縞シャツ、スカーフなどのファッションも有名になった。映画公開により日本でも流行し、宝塚歌劇団が公演、流行歌の歌詞にも登場した。まるで喧嘩のように男性が女性を小突き回す激しい踊り「アパッシュ・ダンス」も流行した。

《用例》ハンチングをかぶった――風の男がズボンのポケットで歩るきながら銭をじゃらじゃらいわせる音。（岡本かの子『豆腐買い』昭和九年）

【アミ】

［あみ］（仏 Amie）藤田《ふじた》嗣治《つぐはる》画伯はその著「巴里《バリ》の横顔」の中でアミを次のように解説してある。『アミ』

と云う言葉は友人と云う意味であるが、自分と一緒に歩いている様な女を紹介して、「これは僕のアミだ」と云えば、それは又別の意味で云わば一度交渉のあった女と云う気持がそこへはいる』それにたいして性的交渉のない場合をキャマラードと云うのである。アミは女だが、男のそれに対応するものはアマン（情夫）である。⑨

解 フランス語も日本語と同じように時代や場所によってニュアンスは変わるだろうが、本来「アミ」は発音する分には男女の別なく友達の意味である（表記はamieが女友達、amiが男友達）。現代のフランスでは、若いカップルはお互いを「プチタミ(petit ami(e))」と称し、若くない場合は男性の恋人を「アマン(amant)」、女性の恋人を「メイトレス(maitresse)」とよぶ。「キャマラード(camarado)」は仲間、友人の意。とはいえ、当時のパリでは「アミ」をそのように使っており、藤田嗣治は最新の言い回しをご披露に及んだものと思われる。

《用例》出口より五十銭出づれば、ランチにし、若《も》し三円出れば━を誘って奢っちゃうなり。（海野十三《うんのじゅうざ》『発明小僧』昭和九年）

【ア・ラ・パージュ】

［あ・ら・ぱーじゅ］（仏 á la page）恐ろしく古くさいこと。凡そ尖端的なものとは縁遠いことを意味する。今時、和服に靴を穿き、洋傘《こうもり》を指して歩く親爺があったら、確かにア・ラ・パージュだ。珍奇、骨董的なもの。ア・ラ・モードの対。②

解 対義語の「ア・ラ・モード」も今どきプリンくらいにしか言わないが、昭和初期には「流行の先端」の意味でよく使われた。昭和七年には『娘アラモード』という歌謡曲が発売されている。しかし「ア・ラ・パージュ」、意味は「流行遅れ」でもなんだかお洒落である。

【アルバイト】

［あるばいと］（独 Arbeit）「仕事」「作業」「労働」又は「論説文」をもいう。「彼は何のアルバイトで博士になったんだい」と云えば「何の研究で」の意味だし、学生が「目下アルバイトに忙しくてね」と云えば「論文執筆中で」との意味だろうが、彼氏のアルバイト（仕事）は、カフェ通いの事だと思って宜しい。⑫

解 ドイツ語の「アルバイト」は英語のWorkと考えると理解しやすい。職業という意味だけではなく、作品を作る作業も含まれる。今ではパートタイムの仕事、内職、非正規雇用などの意味で使われるが、旧制一高では家庭教師の仕事を「アルバイト」とも言ったそうで、その辺りから今のニュアンスが加わったのかもしれない。

《用例》これほど大きな仕事でなくても、もっと小さな科学者の小さな——についても、たとえば一人の教授がその弟子の労力の結果を利用して一つの小さな系統化を行ない、一つの小さな結論をまとめた場合に（寺田寅彦『空想日録』昭和八年）

【ガール】

［がーる］（英 Girl）娘、少女。最近は俗語的に濫用され、職業婦人を意味する語として使われている。ガソリンを売るのがガソリン・ガール、女の円タク助手が円タク・ガール。②

(解)「少女」という概念が日本社会に登場したのは近代以降（明治後期）と言われるが、雑誌や小説などで育まれた「少女」は、女性の社会進出や欧米から流入した「モダンガール」風俗の席巻を受け「ガール」となり、女性に関するあらゆる分野でそうよばれるようになった。職業でいえば「エレベーターガール」「文筆ガール」「ビリヤードガール」「麻雀ガール」「デパートガール」「オフィスガール」「バスガール」「（タイ）ピストガール」などがあり、いかに女性の働く場所が増え、もの珍しく受け止められていたかがわかる。それ以外で、モダン語における「ガール」を『これ一つで何でも分る現代新語集成』（博隆館、昭和六年）がまとめているので列記しておく。

・モダンガール（断髪が多いので「毛断ガール」、お喋りなので「毛断蛙」、さらに「もう旦那がある」などの異名を持つ）
・円タクガール（円タク客引きの仕事。乗車して客を誘い、手数料をもらうと次の車に乗り込む）
・リップガール（新宿や銀座の裏通りに立ち、キス一回を五〇銭で売る仕事。別名キッスガール）
・ステッキガール（一緒に散歩したり食事をしたりするデート嬢）
・タッチングガール（握手五〇銭、キス五〇銭などで売る）
・ボートガール（京橋や築地などの貸しボートの上で春をひさぐ）
・マネキンガール（商店員。ただし派遣のため仲介業者に絞られて貧しい生活を強いられている）
・トンボリガール（大阪・道頓堀のカフェーの女給）
・ノズガール（下着を履かずにレビューに出るノーズロースダンサー）
・マッチガール（銀座などで広告

マッチを配るカフェーの女給）

・スタンドガール（浅草の汁粉屋発祥の飲食店店員）

・ダンスガール（客の踊りの相手をするダンスホール付きのダンサー。当時、一〇分二〇銭でチケット一枚、オールナイトは別料金）

・ゲイシャガール（芸者との違いはダンスもできる点、芸者養成学校を卒業したりする点だとか）

図版出典Ⓕ

・ガソリンガール（ガソリンスタンドの女店員）

・列車ガール（列車の食堂車の女給）

・旅行ガール（旅行のお供をする）

・座談会ガール（雑誌の座談会で恋愛観を語ったり談話の速記をする）

・ワンサガール（映画の大部屋女優。ワンサワンサとたくさんいるためこの名がついた）

・ポスタガール（昭和五年末に銀座街頭に誕生した新職業で言伝を受け取り、相手が来たら渡す人間ポスト）

実在したものから都市伝説のような存在までよりどりみどりである。

《用例》気球の下には、不細工な文字が並んで馬鹿げた媚態を作っている。それらの文字の代りに、一人でいいから、天女のようなマネキン──をくっつけたら……。（豊島与志《とよしまよし》雄《お》『慾』昭和七年）

【カフエ】

［かふぇ］（仏 Café）木来は「珈琲」のことであるが、普通コーヒーを飲ませる店、即ち「珈琲店」のことを指す。転じて日本のカフェはと云うと、内外各種の酒を面白く飲ませることに専念している観がある。美々しく装ったウエイトレスのエロティック・サーヴィス、レコードに依るジャズの横溢、風紀上あまり香《かんば》しからぬ存在ではあるが、モダンであり、シックである現代生活には、切離せない懐しいものだ。今やカフェ黄金時代と呼ばれるに至ったのも、決して無理からぬことは、一歩足を踏入れたものの誰しも肯くところである。⑫

㊫ 辞書には「カフェ」とあるが、この頃の出版物を見ると「カフェー」という表記が多い。さらに言えばフェーにアクセントがくる発音となる。コーヒーやお茶、軽食、お酒を出す店という意味では現代のカフェと変わらないが、大きく違うのは女給とよばれる給仕の女性がテーブルにつくことで、大正末期には「エロサービス」（いきなり客の膝に座る、万年筆を客に渡して自身の太ももにサインを書かせる、踊りながらスカートの裾を捲るなどの事例が村嶋歸之《むらしまよりゆき》『カフェー考現学』〈昭和六年〉には出ている）もあった。それというのも、彼女たちは店から給料をもらっておらず、チップで生活しているからで、関東大震災後に大阪のカフェーが東京に進出してからさらにサービス過剰になったといわれている。

《用例》 彼の姉が、松戸に、女給が二十人ちかくもいる大きな——をやっていて、三平に支配人をやれと頻りにすすめていたが、——は下賤な職業だ、と、ひどく憎んで、ニべもなく断りつづけていたようである。（坂口安吾『死と影』昭和二三年）

【ガルソンヌ】

［がるそんぬ］（仏 Garçonne） これは「男性的女性」とか「男勝り」とか云うような生温い程度のものじゃァない。煙草を喫ったり酒を飲むぐらいのことは朝飯前で、まかり間違えば、女だてらに尻も捲ろうと云う「男糞喰え」と云った超尖端的なモガのこと。気の小さな男などは、忽《たちま》ち目を廻して二の句も吐《つ》けない代物である。また断髪の一種にガルソンヌ刈りと云うのがある。⑫

図版出典Ⓐ

㊫ ギャルソンヌ（ガルソンヌ）とは、ギャルソン（少年）を女性形にした当時の新語で、一九二二年に出版されたフランス人作家ヴィクトール・マルグリットの『ラ・ギャルソンヌ』から生まれた。細身の服装にショートヘア、煙草を吹かすギャルソンヌ・ルックは世界的に大流行し、ココ・シャネルの代名詞にもなった。

《用例》 前大戦の後ではフランスが今の日本と同じことで、——などと

いう実験少女が現れたものだ。（坂口安吾『破門』昭和二二年）

【シーク】

［しーく］（英 Sheik）これはアメリカで色男、美男子、恋人の意味である。これはフランス語のシックがそうした綴りになったのか。ヴァン・ヴェクテンの小説を読むと黒人が『この黒人部落にお前みたいなシークは外にはいないやね』と云うことを書いてある。そのシークは紛うことなく色男の意味である。岡倉氏の辞典には回々《フイフイ》教《きょう》国《こく》殊にアラビヤで家長、村長、族長と云う意味しかない。松村寛氏著「現代米語小辞典」には色男としてアメリカで通用していると書いてある。（シックの項参照）⑨

㊖「シック」の項を見てみると、「シック」（chic）はフランス語で洗練されている、粋の意味とある。綴りも意味も似ているが少し違う。（なお、ドイツ語にシックと同義の「シーク（Schick）」という言葉があり、シックの語源ともいわれるが、この場合も人物を形容するものではない）。解明のヒントとなりそうなのがアメリカ人作家アニタ・ルースの一九二五年の小説『紳士は金髪がお好き』の一節「たとえば、フランス人はどんなことにも『シーク（原文：Sheik）』という言葉を使う。わたしたちは、紳士がルドルフ・ヴァレンティノに似ているときしか、使わないみたいだけれど」（常盤新平訳）である。ヴァレンティノは絶世の美男子として人気を博したハリウッド俳優だが、映画「The Sheik」（一九二一年）でアラブの首長役で主演している。ここから分かるのは、つまり「シーク」はヴァレンティノばりの伊達男を指す言葉で、語源はアラブの首長を指す「Sheik」、「chic」ではないのだ。

《用例》人の頭の中のものをスーッと泄《さら》って行く……不思議な……なつかしい青年……近頃流行の――とかスマートとかいう言葉は、こんな青年を形容する言葉ではあるまいか（夢野久作『怪青年モセイ』昭和六年）

【シャン】

［しゃん］（独 Schön）ドイツ語の『Schön』から来た美人のことと云うのは誰も知っていますが、シャンに次の種類があります。

（イ）すこシャン　頗《すこぶ》る美人。

（ロ）すたシャン　スタイル美人。姿勢《スタイル》だけ美人『歩く姿は百合の花』組の美人。

（ハ）とてシャン　とても美人。

（ニ）にくシャン　肉体美人。顔《フエース》はどうですか。
（ホ）どてシャン　不美人。
（ヘ）ロングシャン　遠見の美人。『夜目遠目傘の内』美人。
（ト）エロシャン　お色気たっぷりの美人。
（チ）バックシャン　後姿《バック》だけ美人。『後弁天、前不動』美人。
其他、クララシャン、イットシャン、えいシャン、ウンシャン（前掲参照）。男学生に対しても
（イ）ヨーシャン　林長二郎に似た美男。
（ロ）ナバシャン　ナヴァロ型の優《やさ》型美男。
（ハ）ヴレシャン　ヴァレンチノに似た美男。（アンバレ参照）
（ホ）バンシャン　バンクロフト型のがっしりした男。など云います。⑳

㊙解 「クララシャン」はハリウッド女優のクララ・ボウ（一九〇五～一九六五）型美人のこと。「イットシャン」は性的魅力「イット」のある美人。「えいシャン」は衛生的美人（身体は丈夫だが不美人）、「ウンシャン」とはドイツ語で「シャン」ではないこと、不美人の意味である。ヴレシャンの項にある「アンバレ」とはアンチ・ヴァレンティノ、醜い男の意味とのこと。このなかで、辛うじて現代でも通じる言葉は「バックシャン」くらいだろうか。それにしても他人の容姿についてよくぞここまで品評できるものだと感心する。しかもほとんどが男性から女性への評で、今なら確実にポリティカル・コレクトネスに反する言葉ばかり。女性から男性への評はイケメン関連語ばかりではないか。そもそもこの日本に、ヴァレンティノだのバンクロフトだのがそうそういてたまりますかい。

《用例》その時隅の方でひとり雑誌の写真ばかり繰りひろげて見ていた女が、突然、「アラ、実に——ねえ。清岡先生の奥様よ。」という声に、ボックスに休んでいた女は一斉に顔を差出した。（永井荷風『つゆのあとさき』昭和六年）

【ジンゲル】

［じんげる］（独 Singer）芸者のこと、独逸語。歌手をもじった語。⑮

㊙解 芸者といえば歌と三味線と踊り（日本舞踊）のイメージだが、歌手と言い切られると意外な気がする。なお、レコード歌手として芸者が一世を風靡するのは昭和初期、「ジンゲル」は明治三十年代から使われていたので時期が少しずれる。ちなみに、明治十年代の書生の生態

を活写した坪内逍遥『一読三嘆 当世書生気質《かたぎ》』では「キャット」とよんでいる。これは芸者を「猫」という（三味線に猫の皮を使うため。１８４頁参照）ところからきた言葉で、これはこれで感じが出ている。

《用例》同時にすぐ隣のベンチに腰をかけている書生が二人、「見ろ見ろ、——だ。わるくないなア。」といっているのさえ耳にした。（永井荷風『すみだ川』明治四二年）

【タイラント】

［たいらんと］（英 Tyrant）暴君。又わけの分らぬ勝手者を云う。『家庭ではタイラント振りを発揮している』。②

解 英語由来の外来語も、今とはずいぶん違う。尻に敷かれる夫も、タイラントの妻なら仕方ない、とあきらめがつくような威厳を持った表現である。

図版出典Ⓐ

《用例》が、船長は、全く、始末にいかぬ——であった。それは、コセコセしたちしゃの葉のような感じのする——だ。（葉山嘉樹《はやましき》『海に生くる人々』大正一五年）

【チェリオ】

［ちぇりお］（英 Cherio）チェア・ラップが生みの親で、チェア・オーとチェア・ユーが育ての親と云う、少し手数のかかったヤヤコしい存在である。盃を持ってチェリオ。女と別れ際にチェリオ。解雇辞令を渡してチェリオ。富山の薬みたいに、何でも御坐れ役に立つ語だ。意味は？「健康を祝す」とでも申そうか？不景気と革命と、国際連盟と共に世界大戦が生んだ語である。⑫

解 チェリオはチェア・ラップ、チェア・オー、チェア・ユーから派生したということか。『新英和中辞典』（研究社、平成一五年）では別れの挨拶や乾杯を意味するチェリオのスペルが「Cheerio」となっているので、チェア・ラップやチェア・オーは「Cheers（チアーズ。乾杯）」にupやohを付けた言葉なのかもしれない。なお、Wikipediaではイギリス英語、アイリッシュ英語となっており、Wictionaryでは一九二二（大正一〇）年にイギリスで出版されたP.G.

Wode-house の小説『Indiscretions of Archie』のなかに[cheerio, good luck, pip-pip, toodle-oo, and good-bye-ee! I'll be shiftuing!」という台詞があるという。響きがいいので現代でも使えそうではある。

《用例》「美和ちゃんのお姉さんのために、——!」青年の一人が、そう云って、みんなが一斉に盃を挙げた。「美和子のためにも、——!」美和子は、自分で盃をあげた。（菊池《きくち》寛《かん》『貞操問答』昭和一〇年）

【テータテート】

[てーたてーと]（仏 Tête à tête） テートは「頭」のことで「頭と頭を向い合せて」即ち「差向い」のことだが、それも野郎同志じゃァ始まらないから、勢い「男女の差向い」にのみ使われる。卓の上だけを見ていたのでは何と変化もないが、卓の下では、おお何という素晴らしさよ、両者の脚が火花を散らして、性愛芸術の技巧を闘わしている。ここに近代的の面白さがあろうと云うものだが、最早片脚を棺桶に突込んだ爺さん婆さん連のテータテートなんてものは? これも御本人達にして見れば、矢っ張り楽しいものでしょうよ。⑫

（解）差し向いのことをわざわざフランス語で表現するとは驚きだ。

図版出典Ⓐ

それだけデートが特別だったということか。

《用例》などと、いすぱにあモダン・ガアル「窓のペトラ」と盛んに——（原表記：TETE・A・TETE）してたらしい役者ドン・モラガスが、はっとびっくりして上を見あげたから、私もばつが悪い。（谷譲次『血と砂の接吻』昭和四年）

【ノンシャランス】

[のんしゃらんす]（英・仏 Nonchalance） 無頓着、冷淡、無関心。㉑

（解）ノンシャランスという言葉の持つ響きは呑気で楽しげで、文脈的にも間違っていなさそうに見えるが、実はネガティブな言葉だったとは意外である。

《用例》加藤という秀才型の係官は——（原表記：ノンシャラン）なようすで広間の中をブラブラと歩きまわ

り、暖炉棚の花瓶や隅棚の人形を眺めていたが、そこの床の上に置いてあった絵具箱をとりあげると、だしぬけに久美子のほうへ振返った。

（久生十蘭『肌色の月』昭和三二年）

【白板自模】

［ぱいぱんつーもー］（中 白板自模）麻雀用語。然し今は転じて女遊びの義になっている。即ち「昨夜は白板自模をやった」のパイパンは白首などと同じ女の意義、自模はひいてくること。③

(解) 日本に於ける麻雀の流行は大正一二（一九二三）年の関東大震災以降と言われており、菊池寛（一八八八～一九四八）ら出版関係者がカフェーなどでさかんに遊び、雑誌にも登場するようになったという。文士連から流行したインテリっぽいお洒落なゲームだったのだ。麻雀を知らなくても用語を使うだけで尖端人の気分になれたのかも。

【ムチャーチャー】

［むちゃーちゃー］（西 Muchacha）若い女に親愛の意をこめて呼びかける言葉で、無茶苦茶に好きだの略。即ち「おい君ちゃん」と言うところを「ムチャーチャー」と呼ぶ。そのナンセンス味にエロが含まれているのである。③

(解)「出所不明」とする辞書もあったが、れっきとしたスペイン語で「少女、子ども」の意味である。「無茶苦茶」とはまったく関係がない。

【レーベ・ダーム】

［れーべ・だーむ］（独 Lebe dame）流行を追う婦人、虚栄婦人のこと。⑯

(解) この言葉が流行語となったきっかけの作品や事件などがあったのか調査してみたがわからなかった。ただ、『石油時報』（帝国石油）誌の明治四三（一九一〇）年五月五日号、二〇日号に「喜劇 虚栄夫人」という読物がある。二〇年間贅沢三昧で暮らしてきた河淵夫人はある日突然夫に破産を告げられる。ところが夫人、「破産ついでに思う存分買い物をして廻ろう」と思いつき、車を走らせ数年分の買い物を敢行、番頭が代金を取りにくる翌日には夜逃げしてもぬけの殻だとほくそ笑む。しかし、帰宅した夫から告げられたのはギリギリ破産を免れた話。夫人はそのまま失神する。「虚栄夫人」の末路を思わせて感慨深い話である。物語の冒頭には「ミツヘル、コルデーの短縮ルメニールトを翻案して虚栄夫人と題す」とあるが、原作も作者も不明（Micheal Corday というフランスの作家は実在）である。

外来語の傾向

本書で扱う外来語を見ていると、英語以外の言語に由来するものが多くて驚く。ドイツ語、ロシア語、フランス語、朝鮮語、中国語など原語に多様性がある。それはそのまま、当時の新知識、新概念がいつ頃どこから入ってきたのかを物語る。ここで、日本における外来語の変遷をざっと振り返ってみよう。

ちなみにここでの外来語はおもに西洋語系を指す。漢語も漢訳された梵語も外来語だが、日本語を和語、漢語、外来語に分類する場合の外来語に準じる。

日本にはじめて流入した西洋語は、天文一二（一五四三）年、種子島に漂着したポルトガル人によって鉄砲とともにもたらされた。約五〇年後にはスペイン人も渡来。貿易や交流はその後も続き、鎖国令などが出つつも続いた。この間、ザビエルをはじめとする宣教師の来日もあり、キリスト教関連用語のほか、貿易品となった煙草（tabaco）、合羽（capa）、天ぷら（tempero または templo）、金平糖（confeito）などが今も残っている。また、煙管《きせる》（khsier、カンボジア語）、更紗（saraça、ジャワ語）など南方の言語も当時のポルトガル人やスペイン人から伝わった。慶長一四（一六〇九）年にはオランダ商館が平戸にでき、鎖国後も通商を続けた。オランダ語由来の外来語には、ブリキ（blik）、コルク（kurk）、コップ（kop）などの日用品名のほか、蘭学が盛んになってからは、医学、天文学、物理学などの自然科学用語（アルコール、メス、コレラなど）や、軍事、度量衡の用語（サーベル、マドロス、ランドセル、オンスなど）がある。

イギリスとの本格的な交流は文化五（一八〇八）年と遅いが、この頃和蘭の通訳者たちにフランス語と英語の学習が命じられ、翻訳本や語学書も登場した。幕末から明治にかけては、フランスを手本に日本軍を編成したため、ズボン（jupon）、シャッポ（chapeau）などがフランス語由来の外来語として残った。

安政六（一八五九）年、アメリカ、イギリス、ロシア、フランス、オランダと自由貿易が始まり、それぞれの言語の学習が盛んになった。

米川明彦は「外国文化の移入と外来語」『国文学 解釈と教材の研究』41(11)（學燈社、平成八年）のなかで、幕末から戦前にかけての外来語の歴史を四期に分類している。

曰く、明治一〇年代までを受容期、明治二〇年代から第一次大戦（大正三年）前を浸透期、第一次大戦から関東大震災（大正一二年）までを発展期、関東大震災（大正一二年）から昭和一〇年頃までを第一次ピーク期としている。本書で扱う新語辞典は米川の言う浸透、発展、第一次ピークに当たる。この時期に新語辞典が大量発生したのである。

浸透期の特徴のひとつは、書生の誕生である。明治一九（一八八六）年に第一高等学校（旧制一高。東京大学教養学部の前身）が創立されると、立身出世を目指した若者が日本国中から上京して勉強に励んだ。彼らの集団語は外国語由来が多く、本書の「学生語」で片鱗が伺える。

明治三二（一八九九）年には高等女学校ができ、女学生の集団語も生まれた。朝鮮半島の日本統治が始まるのは明治四三（一九一〇）年、翌年「朝鮮教育令」が発布され、小中高等学校が作られた。その頃より朝鮮語由来の外来語も多く発生した。

発展期は大正デモクラシーと重なる。中・高等教育が普及し、教養主義が広がり、物質から精神世界へと関心が移る。また、生活や家庭の西洋化、簡便化に目が向けられた。大戦後、国際社会への関心が高まり、ロシア革命に刺激されて労働運動が起こる。ロシア語由来の外来語であるボル（ボルシェビキ）やプロ（プロレタリア）、ドイツ語由来のイデオロギーなどがその一例である。また詩人や芸術家たちの渡仏が流行し、アトリエ、デッサン、シュールなどの芸術用語や、哲学、ファッション、製菓、恋愛用語などもフランス語由来のものが広まった。これらは新聞、雑誌、映画、ラジオ、レコードなど急速に発展したメディアで拡散された。

英語受容の第一次ピーク期は関東大震災後だがその理由は、復興計画において上下水道、道路、鉄道、通信などのインフラをアメリカ式に切り替えたこと、同時に映画や音楽、スポーツなどの文化もアメリカから流入してきたことにある。これは第一次大戦で主戦場となったヨーロッパの衰退と裏腹に、アメリカが経済的にも文化的にも世界で主導権を握ったことの証であった。

日中戦争以降は英語にとって受難の時で、敵性語として廃斥され日本語への言い換えが強要されたが、敗戦後アメリカ軍が進駐したのを皮切りに、以後は政治、経済、教育、メディア、コンピュータなどあらゆる面でアメリカ英語由来の外来語が主となった。

カフェーや食堂、美容室、旅館などのマッチラベル。今見てもモダンで楽しいデザインにコレクターも多い。のらくろは田河《たがわ》水泡《すいほう》（一八九九～一九八九）の漫画のキャラクターだが著作権は無視していると思われる。

思想

近代人は主義がなければならぬ。
右翼なのか、左翼なのか、
半獣主義か、敵本主義か。
徒歩好きも怠惰好きも、
イズムが付けば立派な主義者である。

イデオロヒメ

［いでおろひめ］

ヒメは姫である。姫という以上、娘のことである。「彼女はシャンだけれどイデオロ姫でねえ」なぞと云われる御令嬢は、小むづかしい屁理屈を並べ立てて、おしゃべりは一人前以上だが家庭のことなんか出来ないという厄介なモダン嬢のことである。先づ恋人にも女房にも、お薦め致しかねる代物である。⑫

㊕ この語釈は**モダン嬢**より上の世代の人間が書いているのだろう。「ご心配なく。あなたの恋人にも女房にもなりませんから」という姫の声が聞こえるようだ。

客本主義

［きゃくほんしゅぎ］

何本主義という言葉が流行るので、民本主義あたりをもじったに違いない。お客本位の主義という商売上の標語の一。松坂屋呉服店が云い出した語。④

㊮ **民本主義**とは、人民のための政治を意味し、吉野作造（一八七八～一九三三）が大正三～五年頃に広めた、大正デモクラシーを象徴する言葉のひとつである。その後、**農本主義**（国家の基盤は農業の維持という考え方）が現れるなどし、〇本主義が流行語になった。今では大丸と合併した松坂屋だが、お客様第一の考えを貫いている。

テクテクズム

［てくてくずむ］

京都家政女学校の主唱にかかる徒歩主義の標語の一つである。テクテク歩くという意味に主義という「ズム」の字をつけたものである。又同校では「テクテクズム」と称する唱歌を作って遠足の時など歌わせている。④

㊙解 京都家政女学校とは明治三七（一九〇四）年、京都府に開校した高等家政女学校（現京都文教大学）のことだろうか。なかなかユニークな校風だが現在ではそれらしき標語はないようだ。ぜひ聞いてみたい、**唱歌**「テクテクズム」。

思想語

毒皿主義

［どくさらしゅぎ］

毒を食らわば皿までという悪に徹底する態度。やぶれかぶれの行き方。②

㊎解 性格的なことを当時流行の「主義」にしてしまった言葉はほかに**モトクラ主義**（灯台下暗し。眼前のことを忘却して、あてにもならぬ未来のことに熱中している人）や**重箱主義**（針先や楊子の先で、重箱の隅から隅までほじくる様な綿密振り、干渉振りを言う）がある。この伝でいくと、石の上にも三年の我慢強い人を「石三主義」とか、鬼の首を取ったかのようにすぐ大得意になる人を「鬼首主義」とか、いろいろ応用できそうだ。

ナオミズム

［なおみずむ］

谷崎潤一郎の小説『痴人の愛』から出たもので、夫を虐待し、酷使する事により快楽を感ずるサディストの一種。⑩

㊙ 一九二四～二五年に発表された谷崎潤一郎（一八八六～一九六五）の長編小説。実直なサラリーマンが一三歳歳下のナオミに翻弄され奴隷になるというファンタジーである。ナオミのモデルは当時の妻の妹せい子。実は谷崎、妻の姉に失恋して妹と結婚したが、さらにその妹に懸想《けそう》。結局妻は佐藤春夫（一八九二～一九六四）のもとへ行き**文壇を騒がす三角関係**へとなだれ込む。

マルマル ［まるまる］

○○である。発売禁止の恐れのある場所に伏字として○○を用いるところから、言うに憚る事についてよく用いられる。例「二次会（其項参照）の行先は○○さ。」「あの奥さんは役者と○○だよ。」「○○師団 愈《いよいよ》 出征」④

㊎ 印刷物の検閲は新聞紙条例や出版条例などに基づき行われ、**危険思想やエロ**が対象となった。それを避けるため、出版社は伏字にして出したが前後の文脈でわかる場合も禁止になった。とはいえ、例にある二次会の場所は伏字にして集まることができるのだろうか。

【赤大根】

［あかだいこん］ 表面は赤く左翼的であるが、実際はそうでない人を指して言う。文学方面の用語では、ブルジョア文学の作家が急にプロレタリア作家に成りすました時、其人を嘲笑して斯う呼ぶ。また口先だけの社会主義者を軽蔑して呼ぶ場合にも用いられる。⑫

㊖ 正岡容《まさおかいるる》（一九〇四～一九五八）は『大正東京錦絵』（好江書房、昭和二三年）のなかで、プロレタリア文学の流行とともに「プロ青年」たちがこぞってルパシカを着て闊歩していたが、関東大震災後に大杉栄と伊藤野枝が殺害された途端に影を潜めたと記している。いつの時代にもお調子者はいる。

《用例》 山客亦《また》厳に江口君が有情の人たるを信ぜんと欲す。もし有情の人と做《な》さんか、君と雖《いえど》も遂に――のみ。（芥川龍之介『赤大根』大正一二年）

【イキアタリバッタリズム】

［いきあたりばったりずむ］「行き当りばったり」に英語の Ism を附したものにして、「なるようになれ」の意。㉒

㊖ なんでも主義やイズムになった時代、当然行き当たりばったりも思想になる。「理想も目的もなしに生活すること」とする辞典もあった。つまり思想のない思想、ナンセンスでよろしい。

【一人一殺主義】

［いちにんいっさつしゅぎ］ 社会主義者用語。乃《すなわ》ち一人の主義者が一人の資本家を殺して、その目的を達せんとするの意で、理論より実行を主とした語である。⑤

㊖ 昭和六（一九三一）年、日蓮宗の僧侶である井上日召《にっしょう》（一八八六～一九六七）を中心として結成されたテロ集団「血盟団」（後に検事がつけた名称）が掲げた標語。翌年二月に総理大臣、財界重鎮ら一〇人を標的とした暗殺計画を決行。二名の犠牲者を出し、「血盟団事件」とよばれた。また、三カ月後にはその残党と陸軍士官候補生らが五・一五事件を起こした。テロリズムは暴力や脅迫で社会を動かそうとする忌むべき方法だが、一人が一人を殺すというこの語は妙にわかりやすく人口に膾炙《かいしゃ》しただろうことは想像がつく。

【一人一党主義】

［いちにんいっとうしゅぎ］ 議院政治家で政党に籍を置かず、政治問題

に対して自由に賛否を決せんとする非政党主義である。わが国の或る一派の政党も嘗《かつ》て此の主義を唱えたが、それは政党に籍を置いている者であるだけに、原則としては一人一党を認めながら、小異を捨てて大同に就くは別に妨げないという例外を設けた。英語でOne man, One partyという。①

㊟解 流行語としては、集団行動をせずに別行動をとること、自分勝手な人などにも使うらしい。『モダン語漫画辞典』（洛陽書院、昭和六年）には、例として「二次会には勿論行くだろうね？」「一人一党だ」と出ている。二次会を断るのになんとも大げさである。

図版出典Ⓐ

《用例》仲間の作品批評になると点が甘くなる。党派に依存するさもしさで、文学は常に――（原表記：一人一党）だ。（坂口安吾『感想家の生れでるために』昭和二三年）

【一人一票主義】

［いちにんいっぴょうしゅぎ］選挙人一人の投票は、必ず一票に限るとするもの。即ち「複数投票制」の対、其の項参照。英語でOne man, One voteという。①

解 なお、似た言葉に「一国一票主義」（国際会議などで出席者の数に限らず等しく一国を一票とすること。One nation, One vote）、「一票一価主義」（等級選挙ではなく、誰の一票でも価値は同じとする考え方。One vote, One value）がある。

【エガ】

［えが］エンゲルスガールの略で実行は何もせずして只徒に若い男の面前でマルクスエンゲルス学説を振りまわす女。⑮

解 ドイツの思想家マルクス（一八一八～一八八三）とエンゲルス（一八二〇～一八九五）が日本に巻き起こした大ブームは、大正八（一九一九）年から昭和二（一九二七）年頃にかけて出版された大量の書籍を見てもわかる。大原社会問題研究所が集めた『日本マルクス主義文献』はこの時期だけで約九百点に及ぶといい、まさに出せば売れる時代だった。しかし、流行の蔓延はファッシヨン化を生む。これらの本をこれ見よがしに抱えた「マルクスボーイ」や「エンゲルスガール」が発生したのもむべなるかな。なお、モダンガールを「モガ」、モダンボーイを「モボ」というとき揶揄のニュアンスが加わったが「エガ」も口だけガールのニュアンスがある。

【厭人主義】

［えんじんしゅぎ］**（英 Misanthropy）ミサンスロピー。厭世主義の態度ではあるが特に人間を嫌うこと。人間嫌い。**⑥

(解) 他人が苦手な人を今の流行語で表すと「コミュ障（コミュニケーション障害の人）」ということになるだろうか。同じ「人嫌い」でも、コミュニケーションの「障害」とする現代と、自分の「主義」とする戦前では主体が違う。なぜか前者の言葉の方が軽いのも、不思議な感じがする。

【黄金万能主義】

［おうごんばんのうしゅぎ］**世の中の事は、金銭さえあれば何でも自由になるとするもの。世間が好景気で、成金の跋扈《ばっこ》する時代は、殊に露骨に此の傾向があらわれる。**①

(解) 戦前はとかく「万能主義」という言い回しが流行した。「科学万能主義」（森羅万象すべてのことは科学で説明がつくとする主義。近代人らしい驕りである）が元ネタだろうか。市場万能主義、理性万能主義、技術万能主義などは今でも使われている。なお、大正一四（一九二五）年に演歌師の添田唖蝉坊《そえだあぜんぼう》によって歌われた「金金節」には「金だ金だよ　黄金万能」という歌詞がある。今や黄金（経済）万能主義は当たり前すぎて主義にもならない。

《用例》　蓋《けだ》し━的傾向に属することなのだろうが、Bの方では、Aより貧しい条件の下に働いているのに、Aの方では、いつ知らず「俺の方が元金《もと》がかかっているのに……」という不平を抱いているのである。（中原中也『心理的と個性的』昭和一一年）

【オブローモフ主義】

［おぶろーもふしゅぎ］**これは露国の作家ゴンチャロフの傑作「オブローモフ」から取った言葉。此の作の主人公オブローモフは、唯々遊んで空想にばかり耽って一生を終るので、露国民の特徴を代表したものであると言われている。故に、此の語は「懶惰《らんだ》」と同じように使用されて、世の中をうかうかと夢のように送りたいという主義である。**①

解 現代人のなかでイヴァン・ゴンチャロフ（一八一二〜九一）という作家の名を知っている人はかなり少ないと思うが、翻訳家で作家の加能作次郎は雑誌『ホトトギス』（ホトトギス社、明治四一年）のなかで「ツルゲーネフやトルストイに劣らぬ程」と賞賛し、その作品『オブローモフ』は『父と子』（ツルゲーネフ）や『復活』『戦争と平和』（トルストイ）に匹敵するとも書いている。大正半ばの日本文学界では重要な作品と位置づけられていた。原作の出版は一八五九年（一部は一〇年前に発表）。貴族階級である主人公のオブローモフが怠惰な引きこもり生活をおくり恋人に見限られるまでを描き、ロシアで一大旋風を巻き起こした。というのも当時、ヨーロッパの自由主義思想の洗礼を受けた貴族たちが農奴解放や専制政治の打倒を訴えたものの一八二五年にデカブリストの乱に失敗、反動で無気力に陥るということがあった。彼らはツルゲーネフの『余計者の日記』（一八五〇年）にちなんで「余計者」とよばれ、オブローモフもその系譜に連なった。日本では大正六（一九一七）年に新潮社から邦訳が出て一世を風靡し、作家の濱本浩のように自身を「オブローモフィスト」と見る若者も多かった（亀井勝一郎編『わが青春期』三笠書房、昭和三〇年）。しかし、日本のオブローモフィストは知識階級ではあっても貴族ではなく「小市民」で、「象牙の塔の中で自己の〈文学〉及び〈文化〉をつくってきた」とロシア文学者の除《よけ》村《むら》吉《よし》太《た》郎《ろう》は『ロシヤ文学文問』（文連文庫、昭和二三年）の中で指摘する。

図版出典Ⓐ

《用例》「劇場には、新しい任務がある。劇場は上演を通して観衆の、――、色情狂、悲観主義に対して闘おうとする意志を強める役に立つような仕事をやらなければならない。」（宮本百合子『ソヴェトの芝居』昭和六年）

【コロンタイズム】

［ころんたいずむ］（英 Kollontaism）ロシアの女大使コロンタイが、「赤い恋」「三代の恋」其他で説いた新らしい恋愛論のこと。「三代の恋」

のゲニヤと云う娘の思想が、これを善く代表しているので、一名ゲニヤ主義とも呼ばれる。これを大掴みに云えば、立派な恋愛は勿論善いには違いないが、現代のロシア婦人は社会のために働くのに忙しいから、悠長に理想の相手なんか探しては居られない。しかし、込み上げて来る生理的な欲望は誰にもある。そこで恋愛は無くとも必要上から臨時の相手を求むるが善い。其の相手と当面の用を足したら、後は何《ど》うでも善いでは無いか。一体、性生活は私事で、公生活とは確然と区別すべきものであるから、私生活の荒淫乱行などのために公生活から排斥されるのは間違っている。それはブルジョア的な男子独特の考え方に過ぎないと云うのだ。何と素晴らしい卓見では無いか。流石に今のモボ・モガの輩が随喜の涙を流して礼讃渇仰するだけのものはある。⑫

図版出典Ⓐ

㊮ アレクサンドラ・ミハイロヴナ・コロンタイ（一八七二〜一九五二年）は政治家であり革命家である。若くして結婚し子どもをもうけるがマルクス主義に傾倒、家庭を捨ててドイツのチューリッヒ大学で学んだ後、フランス、アメリカを巡ってロシアに戻り、革命家として活動を始める。ロシア革命後にソビエト社会主義共和国連邦が成立すると、社会福祉人民委員（厚生大臣）、党中央委員会婦人部部長、コミンテルン執行委員を歴任。また、労働、教育、結婚など女性の権利拡大に向けて尽力する。その後、ノルウェー、メキシコ、スウェーデンで大使を、国際連盟の代表部部員を務めた。コロンタイを世界的に有名にしたのは恋愛三部作とよばれる小説「赤い恋」、「三代の恋　恋愛の道」「姉妹」（ともに一九二三年）や、『偉大な恋』（一九二七年）である。最初の小説「赤い恋」は九カ国語に翻訳され、日本でも昭和二（一九二七）年に翻訳が出ると反響を巻き起こし、三年後には七八版まで増刷している。「赤い恋」は、絹織物女工で共産党員のワシリッサが、容姿のいいアナキストのウラジミルと同棲を

始めるが、贅沢癖や浮気に悩まされ、苦しんだ後に離婚し、お腹の子供を一人で育てる決意をして共産党活動に専念するため故郷に帰るまでを描いた小説である。自らの人生を自らの意思で選びとるワシリッサは多くの女性の共感をよんだ。「三代の恋」は祖母、母、娘の三世代がそれぞれの恋愛遍歴を語る物語だが、娘ゲニアの生き方が議論をよんだ。母の若い夫と交際して妊娠したゲニアも、他にも男性がいるため誰の子供かわからないがいずれにしても仕事の邪魔になるので中絶すると言う。翻訳した林房雄（一九〇三〜七五）は「新しい婦人」と絶賛したが、山川菊栄（一八九〇〜一九八〇）、平塚らいてう（一八八六〜一九七一）、高《たか》群逸枝《むれいつえ》（一八九四〜一九六四）らはそれぞれ「性的放浪は不自然」、「恋愛遊戯は男性に都合のいい思想」、「コロンタイの恋愛観は、女官僚、女支配者のものであって、女権主義である」と批判した。語釈のようにゲニアの生き方にモガ・モボや新しい女たちが諸手を上げて賛成したわけでもないのである。

《用例》そして本家本元のソヴェト同盟では厳密に批判され、本屋に本も出ていないような――が流布することを知って、非常に苦しいような驚いた心持がしたのを今もはっきり覚えている。」（宮本百合子『新しい一夫一婦』昭和一〇年）

【サーニズム】

［さーにずむ］（英 Sanism）露国の作家アルツィバ・シェーフの「サーニン」が一度世に出ると、若い人の間に非常の感激を与え、何時か主人公サーニンの名から出た「サーニズム」の語が流行するに至った。サーニズムは即ちサーニン其の人の生活の主張を総括したもので、「他人の幸福とか社会の福祉とか云うものは何《ど》うでもよい。また共和政治であろうと、君主専制であろうと、そんなことは無頓着だ。人間はただ自由恋愛に生き、生理的情欲を飽満せしめて、其の中に生活の全意義を発見すべきものである。これらの愛の結果が萌芽の中に枯死してしまっても、道徳上の批難を受ける謂われはない。即ち堕落も罪悪でない」とするもの。言い換えれば、個人主義、虚無主義、自由恋愛主義、自己満足主義を打って一丸とした思想又は生活の態度である。此の主義の信奉者をSanist《サーニスト》と云う。①

(解)「サーニン」がロシアで発表されたのは一九〇七年。日本では大正一二（一九二三）年に金星堂から中村白葉訳が、三年後には成光館から武林無想庵訳が出ている。ロシアの若者の虚無主義を描いたという意味ではオブローモフに似ているが、サーニンはモラルに縛られない個人主義で自由恋愛を謳歌している点で、無気力だった『オブローモフ』とは違う。『オブローモフ』が書かれた二年後、ロシアでは念願の農奴解放が行われたが不完全なままで、「ナロードニキ」とよばれる革命運動はさらなる高まりを見せた。ヨーロッパからはマルクス主義が持ち込まれ、知識人たちは弾圧を受けながら活動を続けたが、日露戦争の敗戦により労働者の不満が爆発、ついに一九〇五年一月二二日にサンクトペテルブルクで十二万人規模のデモを行った。が、軍の発砲により二～三千人もの死傷者が出る「血の日曜日事件」が起る。この第一次革命の挫折を受けて、冷笑的で本能的な個性の強いサーニンが若者の心を掴んだといわれている。

《用例》嘗《かつ》て一評家は露国に於《お》ける革命運動頓挫以後の――全盛を以て他岸の火事に非《あら》ざるを警告したりき。（石川啄木『無題』明治四三年執筆、昭和二六年発表）

【サンガーイズム】

［さんがーいずむ］ **産児制限主義。米人サンガー夫人が熱心に主張する故にいう。**⑲

解 マーガレット・ヒギンズ・サンガー（一八七九～一九六六）はアメリカの産児制限活動家。看護士を目指していたが、結婚と立て続けの妊娠を経験し、勉強を断念（マーガレットの母は一八回の妊娠と一一回の出産を経験していた）。貧民街の女性たちに避妊法や避妊具の啓蒙を始める。離婚後、一九一六年

図版出典Ⓐ

に産児制限の診療所を設立。避妊法などが猥褻郵便物に当たるとして逮捕されてヨーロッパに逃れたが、帰国後の一九二一年に「アメリカ産児制限連盟（ABCL）」発足。二年後にはアメリカ初の合法的な産児制限臨床研究局を立ち上げた。一九二七年、世界人口会議の準備にも尽力している。初来日は大正一一（一九二二）年、当局が危険思想と見なし

てビザの発給を拒否し、産児制限の話題を出さないことを条件に入国を許可した。これが話題となり、日本産児制限研究会をはじめ多くの組織が誕生した。戦時色が強くなり一時運動は制限されたが、戦後の一九五二年に再来日した。なお、「出産を悪く言う」という理由で「産害夫人」というモダン語も生まれた。厚生省が「産めよ殖やせよ国のため」を含んだ「結婚十訓」を発表したのは昭和一四（一九三九）年のこと。人口を増やして兵力や労働力を賄う狙いで、とかく産児制限は都会人の自己中心的な考えとされた。

【敵本主義】

［てきほんしゅぎ］「敵は本能寺に在り」から出た語。甲の目的を達するために、乙の手段を、さながら目的であるかの如くに見せかけること。間道《かんどう》又は搦手《からめて》から攻め落す主義。⑥

解「民本主義」や「客本主義」（81頁参照）の仲間かと思えばさにあらず。ところでこの言葉、本能寺の変で明智光秀が言ったとされるが、元ネタは江戸中期の軍記物『明智軍紀』であり、言うまでもないが明智光秀本人の言ではない。

《用例》若《も》し、今日に於《おい》て、無産階級的、社会主義的理論（文学の場合に於ても）が、他の理論に比してすぐれたもの、進歩したものであるとすれば（そうであることは後に来たものにとって当然であるが）それは、単なる盲目滅法の対抗、盲目的——から出発するべきではなくて、ブルジョア文学（文学に限っていえば）が如何なる社会的条件によって生れたかを考究することからはじめられたものでなければならぬ。」（平林初之輔『文学の本質について（二）』昭和二年）

【半獣主義】

［はんじゅうしゅぎ］岩野《いわの》泡鳴《ほうめい》氏の提唱した主義。人間は上半身が神で、下半身が獣の生活をしながら、苦悶の海を泳いでいるという状態を想像して主張したもの。即ち、道学者的な虚偽の人間性を脱して、人間の本能を露骨に主張する主義である。①

解 詩人で作家の岩野泡鳴（一八七三～一九二〇）が『神秘的半獣主義』（後に『半獣主義』に改題）を書いたのは明治三九（一九〇六）年のこと。もとは「国詩社」主宰の集会用の演説原稿で、雑誌『国詩』での評価に不満があった泡鳴が自身の立場を表明するために書いた。論は、理想ではなく、刹那に於ける個人の肉と霊の感覚のみを信頼する、ケンタウロスのように霊と獣が解け合ったものを半獣半霊主義と名づけるという内容で、ショーペンハウアーやエメルソン、ニーチェを引いた意欲的なものだったが、生涯三回結婚し、数名の愛人も抱えるなど女性関係が派手だったために、半獣主義＝「動物主義」「好色主義」と誤解された。

《用例》――は、夏の雲の様に砕ける哲学の系統と組織とを持たない、その代り、大海の活動と沈静と深みとを有する情と共に隠見して来るのである。（岩野泡鳴『神秘的半獣主義』明治三九年）

【風壊】

［ふうかい］「風俗壊乱」。**即ち善良の風俗を害すと云う意味の略で、本来は猥褻と、惨忍の両方面に渉る語であるが、今では一般にエロ的方面だけの風俗壊乱の意味に使われている。「発禁物」と云うのも殆《ほとん》ど同意義である。若いものがストーヴを取囲むと、忽ち此の風俗談に花を咲かせる。**⑫

㊫ 風俗壊乱の語は、明治一三（一八八〇）年の太政官布告に「国安ヲ妨害シ又ハ風俗ヲ壊乱スルモノト認メタルトキハ」新聞雑誌雑報の発行を禁止又は停止する、として初めて登場する。なお「発禁」は発売頒布禁止処分のことで、無料で頒布される広告や暦のほか、演劇、映画、歌謡などさまざまな表現物に適用されるが、いわゆるエログロは風俗壊乱、危険思想は安寧秩序紊乱《びんらん》に分類された。風俗壊乱は大正半ばごろまでは地方ごとの検閲官判断に判断を委ねられ、東京で許可された演劇が大阪で許可されないこともあった。そのため、映画の検閲は大正一四年に内務省が一括して行うことになるなど、次第に整備されていくが、厳格化に統一されていくのは世の常である。

《用例》これらのことは、ルウスは詳細に陳述したのかも知れないが、記録には、こんなようなところは、器用にぼかしてある。あまりにグロで――の恐れがあるので、公表されなかったものだろう。（牧逸馬《まきいつま》『アリゾナの女虎』昭和七年）

【母性中心主義】

［ぼせいちゅうしんしゅぎ］**「女子は揺籃《ようらん》から母である」という諺もある通り、女子教育の要事は此の母性（英語の Motherhood）を十分に発達さするにある。通俗な言葉をもっていえば、母性とは女らしさ、特に母らしさということである。実際母となった場合は勿論、母とならぬ場**

合でも、母の心をもって働くということが、女子には最も自然であり亦《また》最も有効なことである。この説は、瑞典《スウエーデン》の女流教育家エレン・ケイ等の力説するところである。①

解「母性」とは、スウェーデンの女性運動家エレン・ケイ（一八四九〜一九二六）が用いた「moderskap」の訳語と考えられ、大正五年頃から見られる。その意味は産む性である女性が生来的に持っている、子どもを慈しみ育てる性質のことである。

図版出典Ⓖ

子どもへの愛は子を産むと同時に自然に備わるものであり、母にしかない性質であるから育児は母親の仕事であるとする。日本では良妻賢母思想にマッチして大正中期から昭和初期まで「母性」のあり方が議論された。もっとも有名なものは、大正七（一九一八）年から翌年にかけて与謝野晶子、平塚らいてう、山田わか、山川菊栄の間に繰り広げられた通称「母性保護論争」だ。発端は与謝野晶子の「母性偏重を排す」（雑誌『太陽』）というエッセーだが、これに対しエレン・ケイに傾倒し母性（中心）主義をとる平塚らいてうが反発、そこに山田わか、山川菊栄が参加した。これを機に母子扶助法制定運動に発展、昭和四〇（一九六五）年制定の母子保健法に結実した。

《用例》それはいずれにもせよ、私は実にこの新理想的見地から、旧式な良妻賢母主義にも、新しい良妻賢母主義——即ち——にも賛成しない者です。（与謝野晶子『婦人改造の基礎的考察』大正八年）

【末人】

［まつじん］**超人（其項参照）の反対。習俗・謬信《びゅうしん》・迷論に惑され易く、何等独創なく、知情意の活動を欠き、酔生夢死の生涯を送る人々。**④

解ニーチェの「超人」が、ウルトラマンという流行語も飛び出すほど話題になったことは30頁で紹介した通り。この思想が日本に紹介されたのはドイツ文学者の登張竹風《とばりちくふう》（一八七三〜一九五五）による。が、当時の右翼に国体を脅かす危険思想と糾弾され、文壇でも人格批判を浴び、上司に咎められたことに憤慨して登張が東京高等師範学校を辞する騒ぎになっている。登張はその後も全訳を刊行するなどニーチェ主義を全うしたが、いずれにしても超人が旬な概念だからこその流行語「末人」なのだ。

【ムッソゴロ】

［むっそごろ］　ムッソリーニの「一二」だけ不足した連中をいう。「一二」を逆に見ると「テ」である。そこで低能の隠語となる。つまり国粋主義者や右翼の、暴力計りで皆目頭のないゴロツキ連中をいう。③

㊫「ムッソゴロ」と聞いて「右翼のゴロツキ」という意味は想像がつくが「一二」が「テ」の意味で低能の隠語までいくと限りなくあやしい。とはいえ、喜多壮一郎『モダン流行語辞典』（実業之日本社、昭和八年）にも同じ解説がついている。他の辞書には「ムッソロゴロ」「ムッソリ・ゴロ」ともある。

図版出典Ⓐ

【友愛結婚】

［ゆうあいけっこん］　コンパニヨネート・マリアジ（Companionate-marriage）の訳。アメリカで流行した最新式の結婚法で、即《すなわ》ち家庭を持たず従って経済的拘束から互いに自由であり、謂《い》わば性関係の場合のみの結婚であり、友人的な交渉の下に於ける結婚の意である。飽きて別れる時、斯《か》くしておけば互いに都合が良い為にテンポの早いアメリカで大いに流行したのである。尚この言葉はこの問題に就ての訴訟を数多く取扱った、シカゴのリンゼー判事の命名に名付くるものだといわれる。㉑

㊫「友愛結婚」とはアメリカコロラド州の判事ベンジャミン・リンジー（一八六九〜一九四三）が一九二七年に出版した同名の書に記した新しい結婚のかたちを指す。若年者や貧困者の望まぬ妊娠を目にし、避妊の合法化と離婚の自由の保障を説いた。日本では昭和五（一九三〇）年に翻訳版が出て物議を醸した。大方の受け取り方は性の乱れに繋がるというものだが、リンジーの主張は若者が結婚を希望する際、まずは「友愛結婚」として避妊を行い、経済的に自立し愛情に確信が持てたら結婚せよというもので、現代の感覚では至って常識的なものである。

主義の話

　モダン語辞典に掲載された主義やイズムの多さには驚かされる。政治思想、社会思想、自然科学、経済学、哲学、芸術、生活、あらゆるシーンに主義がある。

　その背景には、日露戦争終結から日韓併合を経て国際社会での存在感を増した日本が、彼らと肩を並べようと躍起になったことがある。明治後期には一九世紀から二〇世紀に登場したヨーロッパの思想が大量に流入してきた。ショーペンハウアー、ニーチェ、トルストイ、イプセン、ホイットマン、ベルクソンなどがそれで、その後のエリート主義、大正教養主義に結びついていく。

　国家的危機が去ると人は文化や思想、なにより自己に目が向く。大正期は「自我」や「自己」という言葉が流行し、自己の解放、個人主義が叫ばれた時代である。民本主義、女性解放運動、自由主義教育運動、民衆芸術運動、自由恋愛、神秘主義などがそれだが、この場合の個人は普遍的な「生命」をも指し、人類、自然界、宇宙へと繋がる。いわば功利主義や物質文明へのアンチテーゼだった。とはいえそれは、教育、家族、労働を国家に規定された、あくまで天皇制社会における個人でしかなく、大衆の中に閉塞感、無力感も渦巻いていた。また、急速な産業化のせいで労働問題や公害問題が噴出し、大規模ストライキも頻発した。民本主義が発展し「大正デモクラシー」という言葉が流行したのは大正八（一九一九）年ごろのことである。

　この流れを分断したのは、大正一二（一九二三）年九月一日に起った関東大震災である。震災直後に大杉栄らが憲兵隊に扼殺され、主義者の弾圧が一層強化された。一方で、労働争議は絶え間なく続き、女性の社会進出や電化製品の発達、大衆娯楽の興隆は止まらなかった。

　昭和に入って大恐慌となり、退廃的なエロ・グロ・ナンセンスが流行。新農本主義が日本主義と手を取り、次第に世の中は右傾化していくのである。

大正 12（1923）年に関東地方を襲った関東大震災の様子は、被災から復興まで絵葉書で見ることができる。

女學生

女学生とは高等女学校の生徒のこと。
一二歳から一七歳までが通う、
女子の旧制中等教育機関なのです。
わたしたち、なかなか生意気なことも言うけれど、
最大関心事はダンゼン、恋と食べ物なんだわ。

ありのすさび組

［ありのすさびぐみ］

気まぐれ、お天気さん、その時々によって気持の変る人のことを上品に形容した言葉です。古歌に『ある時はありのすさびに語らはで恋しきものと別れてぞ知る』などとあります。㉕

㊫ **ありのすさび**は『日本国語大辞典第二版』（小学館）によると「あるにまかせてすること」「いいかげんに過ごすこと」とある。引用の和歌は『古今和歌六帖第五』にあり、「生きている時はなんとも思わず語り合うこともしなかったが、亡くなってから恋しいと知りました」の意。なかなか**衒学的**《げんがくてき》だ。

女学生語

ガッカリアイエン人

［がっかりあいえんじん］

結婚した人のこと、主として、クラスメートであった人などの間で用いられる。㉖

㊫ 説明以上の情報がないのだが、「アイエン人」とは合縁奇縁の合縁人という意味か。結婚したクラスメートを「ガッカリ」と言うのだから、家庭におさまってすっかりつまらなくなったという意味だろうか。まさか猿人に退化したとか？　女学生用語には夫婦や奥様（妻）を表わす言葉がいくつかあるが**赤い手柄**（１０６頁参照）、**アマショク**（１０７頁参照）など、気恥ずかしいようなからかうようなニュアンスが感じられ彼女たちの結婚への思いが伺える。

スタンバイ

［すたんばい］

見惚れる。惚々とする。語例『私、あの人の姿にほんとに、スタンバイしちゃった』――英語のstand by（傍に立っている）から来た新隠語。㉖

解 傍に寄りたいほどの美人ということか。『婦人倶楽部』昭和二（一九二七）年四月号「現代女学生流行語辞典」には、東京府立第一高等女学校（現東京都立白鷗高等学校）などで流行っているとある。不細工のことは**ドタンバイ**、**タドンバイ**と言うそうな。なお「用意する」の意味が動詞化した**スタンバる**は今や『大辞泉』（小学館）にも掲載されている。

見た

［みた］

これは主として女学生の間に用いられる語で「あの情景は拝見させて頂きましたワ。」で、一寸いみしんな言葉だ。人をからかう時に用いられる。試合の時など「見たぞ、見たぞ」とやるのは、「失策を見た」と云う意味である。鴛鴦《おしどり》の夢醒めやらぬ新夫人なんかに用いると、其の効果驚くべきものがあるそうだ。⑫

㊅解 ♪見～ちゃった、見～ちゃったという歌のニュアンスだろうか。**新妻をからかう言葉**としているのが現代の感覚と少し違う。

もちコース

［もちこーす］

勿論とオフコースを結婚させて生ませた子供がこれである。「行って見るかい?」「もちコース」と紅唇を破って飛び出させる。また面白からずやだ。⑫

㊙ なんだか煙に巻くような説明だが、これほどシンプルな言葉もなかなかない。なお、勿論の短縮系である**もち**や**もちもち**のほか、問題にならないこと、何もないことを指す**もちゼロ**という派生語もあったらしい。しかし「もちゼロ」は「模造品だけに何処となく垢抜けがしない」とある。ちなみに「当たり前」は**アタ**というらしい。

もののあわれ

［もののあわれ］

初恋の悩みを感じている。『私あの方にもののあわれなのよ』など。⑳

㊫ もののあわれといえば、王朝文学の鍵となる概念であり、本居宣長が「発見」し、『源氏物語』をその頂点と規定した文芸上の理念である。また、哲学者和辻哲郎が本居の功績を再確認した『「もののあはれ」について』を収録した『日本精神史研究』は大正一五（一九二六）年に出版されており、女学校でも『源氏物語』を習う際に教わったことだろう。しかし、女学生たちにかかればしみじみとした**哀愁＝恋の悩み**に集約されてしまうのが、なんともおかしい。

【アーブラシツキンキン、テントマタゲ、ハーリノメドクグレ】

［あーぶらしつきんきん、てんとまたげ、はーりのめどくぐれ］ アーブラシツキンキン、天道またげ、針のめどくぐれで『きっとよ』とか『約束したわ』とか云う時に之を早口に云う。略して単に、『あぶらよ』と云うこともあります。『アーブラシツキンキン』の語源は判りませんが、『天道またげ、針のめどくぐれ』は若しこの約束を破ったなら、天を一またぎにまたぐか、針の穴をくぐらなければならぬ、という誓いの意味です。子供達が小指を組み合せて、『げんま』というのと同じです。㉔

㊫ なんとも微笑ましい流行語である。子供のような言動と、大人顔負けのもの言いが共存するのがこの年頃の女の子、いつの時代も変わらない。

【アイスクリーム】

［あいすくりーむ］（英 Ice Cream） 継母のこと。甘くても仲々つめたいので。⑳

㊫ いわゆる継母問題は戦前にもあった。『防犯科学全集　第七巻　少年少女犯篇　女性犯篇』（中央公論社、昭和一〇年）には、不良行為で捕まった少女が、「お母さんがちがいますので —— お母さんがお小使もくれませんから」などと同情を誘っていたものの実は嘘で、継母がつらいと言えばみんなが察して許してくれると学習していた事例が出ており、問題の複雑さを物語っている。昭和六年の再婚率は夫14・5、妻10・4（厚生省大臣官房統計情報部人口動態統計課）で、令和元年は夫19・7、妻16・9である。比較して多いと見るか少ないと見るか。

【赤い手柄】

［あかいてがら］ 新夫人、花嫁などの意で、女学生間に多く用いられる。①

㊫ 手柄といっても、功名の意味ではなく、丸髷《まるまげ》を結うときに髷のなかに入れる鹿の子地のへアアクセサリーのことで「手絡」とも書く。辞書の丸髷は既婚者の髪型である。

図版出典Ⓖ

出た大正一一（一九二二）年当時、日本髪を結っていた人たちはまだまだいたが、そんな中で若い世代である女学生たちが言うのが興味深い。

《用例》そこの家はいつも格子がすっかりはまっていて、黒い前掛けをかけた、真中から分けた散髪の旦那と、——の細君がいる奇麗な小さな角店だった。（長谷川時雨『旧聞日本橋』昭和一〇年）

【アマショク】

［あましょく］**仲よくくっつきあっていること。糖分の沢山あるパンを甘食という事からの転化。**⑳

解 甘食というのも、なんだか不思議な存在ではある。円錐形のかたち、ケーキとパンの間のようなほんのり甘い食べ物は、それでも大人から子どもにまで愛されている。元はスペイン、ポルトガル人がもたらした南蛮菓子で、安土桃山時代に日本に登場したといわれている。今のような甘食は明治の中頃には存在し、大正ごろから定番のお菓子になった。なお、流行語としての「アマショク」は新婚夫婦も指すらしい。

【アマちゃん】

［あまちゃん］**ドイツ語のAmazone《アマゾーネ》（勇婦、女丈夫）からの転化で、シネマも見ず、スポーツもわからず、おしゃれもしなければマルクス主義も知らず、ひたすら試験の点ばかりにキウキウしてガチガチ勉強ばかりしているような人の称、又女に甘い男学生のことも甘ちゃんと云う。**⑳

解 今でも「あまちゃん」とは言うが、考えが甘い人、甘やかされた人というニュアンスがあり、女性に甘いとか、ましてやガリ勉で趣味や哲学のない人という意味はない。

【イミシン】

［いみしん］「**意味深長」の略である。昭和に生れた女学生語の一で、『信子さんが愛子さんへ送る視線はとてもイミシンだわよ』だの『H先生の御帰郷っていうのはなかなかイミシンなのよ、何しろ許嫁の君が今年帝大を出るんですもの！……』などと盛んに使われている。**⑨

解 今では普通語となっている「意味深」が昭和初期の女学生用語とは知らなかった。もはや元の「意味深長」の方が耳にする機会が少ないかもしれない。それにしても、女学生たちが何にでも「意味深」扱いするところが目に見えるようだ。火のないところに煙を立てて噂するのが女学生たちである。
《用例》少し控えめではありましたが、むっつりと——（原表記：意味深）そ

うに今までのいきさつを聞いていた兄より先に妹娘がおとうさんに問いかけました。」（岡本かの子『秋の夜がたり』昭和八年）

【イモキ】

［いもき］ **妹の事。**㉖

㊫ 姉貴、兄貴があるならイモキがあってもいい。しかし響きに芋っぽさがあって姉の権力の大きさを物語る。弟はオトキか。

【インタロゲーションマーク】

［いんたろげーしょんまーく］ **？の英語読み。「あの方近頃あやしいわ」の意。**⑳

㊫ interrogation（インテロゲーション）には「疑問」の意味もあるが、「尋問」、「取り調べ」のニュアンスが強い。「質問」という意味ではやはりquestion（クエスチョン）の方がしっくりくる。ともあれ、「あやしいわ」で済むところをわざわざ「インタロゲーションマークよ」と長々言うところに、格好良さを優先する流行語らしさがある。

【インハラベビー】

［いんはらべびー］ **女学生の流行語。日本語と英語のサンドウィッチで「妊娠」の意。蓋《けだ》しインは「中に」、ハラは「腹」ベビーはお馴染の「赤ン坊」で、いずれも暇に明かして考え出したものだろうが、ややこしい面倒な言葉ではある。**⑫

㊫ こんな露骨な表現を女学生が使っていたとはにわかに信じがたいが、昭和七（一九三二）年に太陽レコードから発売された『娘アラモード』という流行歌には「あの娘トテシャン素的な美人／けれど浮気なカメレオン／インハラ・ベビーで身持ちなの」という歌詞があり、一定の人口に膾炙《かいしゃ》していたことは事実のようだ。ちなみに、これより時代は下るが昭和九（一九三四）年の流行語辞典には「サン・ファアン・シスコ」（「産、不安、死す子」のことで、即ち難産で赤ン坊が死んだことをいう」）という恐ろしい言葉すらある。まさにエロ・グロ・ナンセンス時代である。

図版出典Ⓐ

【ウマタ・ケーキ】

［うまた・けーき］ 駄菓子のこと。即ち「駄」を分析すると「馬」と「太」となる。ケーキは菓子のこと。女学生用語。③

(解) 漢字を偏と旁《つくり》に分解して隠語にしたものは他にも、「頭」を「マメページ」、「顔」を「ヒコページ」と言うなどいくつかあった。「あの方、マメページがいいけどヒコページがどうもね」なんてリズムがよろしい。

【ウル】

［うる］ ウルトラの略。『あの人ウルよ』。凄いとか、左傾的だの意。⑳

(解) ウルトラという強調語はニーチェの「超人（ウルトラマン）思想」から流行したと思われるが、凄い、超の意味が左傾とイコールになるのが面白い。

【エス】

［えす］ 女学生間の同性愛人。Sister《シスター》（妹）の頭文字Sより出づ。シスとも云う。大抵上級生が下級生の美少女をエスとして愛する場合が多く、服装から持物まで一切同じものを用いる、相手が他の人と話しているだけで猛烈な嫉妬を起す程熱烈なのがある。⑳

(解) 女性同士の親密な関係は「オメ」「オデヤ」「オカチン」「アルファとオメガ」などさまざまなよばれ方をしたが、一番有名且つ長く使われたのが「エス」だろう。社会問題化したのは明治四四（一九一一）年に新潟で起きた、女学校卒業生同士の入水心中事件がきっかけだったが、当時は女工、奉公人など下層階級の女性たちが互いの境遇に同情するうちに仲が深まる、といったストーリーが多かった。しかし、大正に入って女学校が大幅に増加し、彼女たちが読む雑誌にも、吉屋信子『花物語』や、川端康成『乙女の港』のようないわゆる「エス小説」とよばれる女性同士の淡い思慕をテーマにした作品が載るようになり、一大ブームとなった。エスの関係は大抵は先輩と後輩であったが、女性の先生と生徒というパターンも珍しくなかったという。

《用例》 台本には指定されていなかったが、冴子はその娘が風邪を引いているという新工夫を凝らして、舞台に出て無言でいる間、ゴホンゴホンと咳をしていた。が、それは女学生が――に慰められようとして、わざと風邪を引いている真似をしている風にしか、見えなかった。」（織田作之助『夜の構図』昭和二一年）

【エッチ】

[えっち] 良人。夫のこと。Husband《ハズバンド》の頭文字を取ったもの。『貴方の理想のエッチは?』など。⑳

解 性的にいやらしい人、またそのさまを表わす非難めいた言葉「エッチ」は、昭和二五（一九五〇）年頃から言われ始めたとされ、舟橋聖一の新聞連載小説『白い魔魚』（昭和三〇年～三一年）で広まったという。その場合の「エッチ」はHENTAI（変態）の頭文字である。また、性交の意味で使う「エッチする」は一九八〇年代以降に明石家さんま、島田紳助らが広めたとする説がある。いずれにしても、夫を意味する「エッチ」とは別の語源であり、現代日本で若い女性に「貴方の理想のエッチは?」なんて尋ねようものなら、セクシャルハラスメントとして問題になること必至である。

《用例》宮「オヤあの方は――（原表記：H《エッチ》）じゃアないの。服「――（原表記：H《エッチ》）ですけれどエンゲイジばかりですから。はま子さんも兄様とおっしゃっていらっしゃいますヨ。（三宅《みやけ》花圃《かほ》『薮《やぶ》の鶯《うぐいす》』明治二一年）

【オウラヤマブキ】

[おうらやまぶき] お羨山吹で羨しいの洒落。㉓

解「裏山吹」とは襲《かさね》の色目の名前で、表が黄色（山吹色）、裏が紅色（または萌黄、青色）の着物のことを指す。三〇歳以下の若い人が春に着用する。言うまでもなく羨ましいと裏山吹をかけた言葉だが「お羨山吹日陰の紅葉」（相手に比べて自分は日陰の意）という言い回しもあり江戸時代の洒落の省略形である。

【オスースー】

[おすーすー] 女学生間にて、交際、身まわり等に小才の利ける軽薄女を云う。⑭

解「おすうすう」という表記もあるが、この言葉の由来がわからない。物事がスムーズに行われることを「すうすうと進む」と言ったりするが、関係あるのだろうか。いずれにしても、あまり言われて嬉しい言葉でないことは伝わる。

【おすてーき】

[おすてーき] 素敵という言葉に敬語の「オ」をつけただけのこと。女子学習院の姫御前のあられもないお口から流行り出したのだという。「あなたのカールとてもオステーキだわね」とか「邦楽後おごりましょうか」「オステーキ」などなど。㉑

解 おすてーきといってもステーキの丁寧語ではなく「素敵」の丁寧語である。どうも女学生はなにかと「お」を付けたがる癖があったようだ。なお「おすてーき」が縮まって「おす」とも言ったらしい。こうなると雄雌の「オス」のようで素敵さも何もあったものではない。

【お花】

[おはな]　女学生間で「寵愛される者」のことをいう。即ち「Hさんは A先生のお花よ」などの類だ。⑫

解 この語の由来は「花」という漢字を分解するとヒイキになるためという。女子が女子をお花というのはどことなく皮肉っぽいニュアンスを感じる。

【オメ】

[おめ]　俗にオメさんともいう。思うに、オメは男女《おめ》の意であろうか。婦人同士で特種の恋慕関係を持ち、年上の者が旦那気取り、年下の者が細君気質《かたぎ》を現わし、趣味・嗜好・風俗をお揃にし、意気投合の生活をすることである。その関係をオメというのだが、年下の者を特にオメさんとも称える。旧劇に出て来る有名な狂言「鏡山」で尾上に対するお初の如きは、恐らくこのオメさんであったかも知れない。二人の情愛が濃厚になるに従って、変態性的関係を生じることもある。近頃女学生の間で使われるシスター「姉妹」(Sister)と称する新俗語はこのオメに相当するものだ。⑨

図版出典Ⓐ

解 この言葉の由来には諸説ある。語釈にある「男女」は江戸時代に男装の女性を指す言葉であり、同性愛の相手という意味で「オメ」の語源の可能性を示唆している。一方、中山由五郎『モダン語漫画辞典』(洛陽書院、昭和七年)には「お妾から来た語だと云うが少々怪しい」とある。また、明治四二(一九〇九)年の比較的初期に『女子雑誌 ムラサキ』(読売新聞社)一〇月号「女学生同志の愛人『お目さん』の流行」で「二人の愛成ってお目出たい」「お目に懸ったが、愛の緒《いとぐち》」の意味ではないかとされている。ともあれ、語源がわからなくなるほど急速に伝播したことは伝わるのである。

【外交家】

［がいこうか］　**女学生の用いる言葉で、「多くの男学生を友達に持つ生徒」のこと。**⑫

㊎ 女学生同士で性格をあだ名にしたものは他にもたくさんある。

例えば、風変わりな人は「アブさん」、なんと英語の abnormal（異常）から来た言葉。やたらと告げ口する人は「アナウンサー」。得体の知れない人は「アメーバ」。いいご身分の人は「アステイ」（三越のキャッチフレーズ「今日は帝劇、明日は三越」〈24頁参照〉が転じて）。高慢ちきな人は「インテリゲンチャ」。頑固な人、無遅刻の人は「一点張」。華美な衣装の人は「ウエイトレス」。沈黙家は「お地蔵さん」。えらぶる人は「オーソリティー」。融通の利かない人は「穏健着実党」。気性の激しい人は「お天気」。安っぽい人は「紙細工」。気取り屋は「孔雀」。背の低い人は「クライン」（ドイツ語の Klein「小さい」の意より）。情熱家は「ザクロ」。内気な人は「サンエス」（ペン用インクのメーカー「SSSインキ」の「陰気」にかけて）。喧しい人は「ジャズさん」。たびたび転校する人は「ジプシー」。文学少女は「少納言」。意志の弱い人は「シュークリーム」。節約家は「シケ豆」。謎の人は「スフィンクス」。しつこい人は「チャン料理」（中国料理が脂っこいため）。八方美人は「ニコ」「デパートさん」。わいわい騒ぐ人は「てんや組」（てんやわんやから）。焼きもち焼きは「トースト」（焼いたパンより）。銀座に詳しい人は「ナカヤ」（理由不明）……とまあ、挙げていけば枚挙に暇がない。どれにも当てはまらない人はいるのだろうかと思うほどである。これも女学生たちの噂好きのなせるわざか。

図版出典Ⓑ

【カット・カット】

［かっとかっと］（Cut-cut）**女学生用語。検閲官が鋏を入れるような、いとも濃厚なる場面を展開すること。普通上級生と下級生の間のそれを意味し「カッチン」と使用法は同じである。先ず「オメさん」を持たぬ娘さんの悲鳴と思って差支えなし。「あの人達、今日も桜の木の下で、カット・カットよ」なんてね。**⑫

解　なお、似た言葉に「カッチン」がある。とても仲が良いことを指し、『モダン語漫画辞典』には語源不明とあるが、カット・カットと同じく検閲の鋏か、もしくはカチンコの可能性もあるかもしれない。雑誌『少女画報』大正一五（一九二六）年四月号「現代女学生隠し言葉辞典」にはお茶の水高等女学校（現・お茶の水女子大学付属中・高等学校）から流行り出したとある。

【からたちの花】

［からたちのはな］　**肺病娘。『からたちの花が咲いたよ、白い白い花が咲いたよ』の歌から、色の白い頬の棘々した肺病らしい弱々しい娘さんの称。**⑳

解　「からたちの花」は北原白秋作詞、山田耕筰《こうさく》作曲の唱歌で、大正一四（一九二五）年に発表されて以来、歌い継がれている。歌詞は耕筰が少年時代に働いていた活版工場でつらい目に遭ったときにからたちの垣根で泣いていたエピソードを白秋が詩にしたもので「肺病娘」とは関係がない。あくまでも「白い花」の連想らしい。肺病（肺結核）はかつては亡国病と言われるほど蔓延した、死に至る病いだった。空気感染で発症するため、患者は結核療養所（サナトリウム）などに隔離されていた。後に「サナトリウム文学」とよばれる堀辰雄『風立ちぬ』（野田出版、昭和二年）も舞台は大正時代である。なお、同じような意味の用語に「マーブル」（結核性の病気を持った人のこと。皮膚が大理石のように美しいから）がある。また、花の名前の流行語はほかに「あじさい」（気の変わりやすい人、冷淡な人）、「くちなしの花」（不幸な人）などがある。

【キス】

［きす］　**痩せて骨ばった人のこと。キリギリスの略。『ギスギスしている』の語もここから出たか。**⑳

解　キスといっても早合点してはいけない、まさかの「痩せた人」の意である。では接吻のことを何というのかと言えば、「学生語」にもあった「ビル（唇から）」や「ベーゼ」（フランス語のキス）など。あくまで隠語なのでわかりやすいものは認められないのである。

【ギロチン】

［ぎろちん］　**「意地の悪い先生」をいう。**⑫

解　なかなか過激なあだ名である。特定の先生ではなく意地悪な先生全般のあだ名だというから恐ろしい。実は先生のあだ名は他にもある。短気な先生は「消炭」。すぐ怒る（火が熾る）からだという。「常習イライラ」はそのまま、いつもイライラしている先生。「アーク燈」「電気会社の社長さん」「おぼろ月夜」「シャンデリア」は禿頭の先生。「カニ」は口から唾を泡のように出す先生。「ジョーキポンプ」は鐘が鳴るとすぐに教室に入ってくる先生。「タンテ」はドイツ語の tante（伯母さん）より女の先生のこと。「田紳《でんしん》」は田舎紳士の省略で野暮な先生。「痩馬」はよぼよぼの先生。

【しょってる】

[しょってる] **自惚れている事。『それでも惚れられたつもり、随分しょってるワネ』など。**⑳

㊎ この言葉も今あまり聞かなくなった。「自惚れてる」というとなんだか大げさなときにこれくらい軽い表現があると便利である。

《用例》――私行ってやらなかったの。許嫁気取り、――わ。でも結局は伯父さんへの義理で結婚しなければならないわ。（織田作之助『夜の構図』昭和二一年）

【タイガー】

[たいがー] **ラグビーの選手。『あの方のエル、タイガーですって』。**⑳

㊎ 日本におけるラグビーの歴史は古く、明治三二（一八九九）年に慶應義塾の語学講師だったイギリス人クラークが学生に指導したことに始まる。大正一一（一九二二）年には旧制三高（後に京都大学に合併）にラグビー部が発足、その後、大正一四（一九二五）年に同志社大学、昭和二（一九二七）年に早稲田大学に創部される。一九二〇年代には千五百近いチームが存在し、選手として六万人以上が登録されていたといい、かなりポピュラーなスポーツであった。なお慶應義塾のラグビージャージは黄色と黒の横縞、通称「タイガージャージ」である。女学生たちのハートをさぞやざわめかせたことだろう。

図版出典Ⓐ

【タギる】

[たぎる] **胸を恋の焰《ほのお》で燃えタギラ**

すの略。ふざけて云う場合が多い。『我が胸はタギるよ』など。⑳

(解) 三省堂の「今年の新語二〇一六」で二位にランクインした言葉に「エモい」がある。言葉の意味は広く、感動する、ぐっとくる、切ない、悲しい、寂しいなど、心が動く瞬間を指す。「タギる」の場合は恋心にのみ適用するようだが、心が揺さぶられることを大げさに表現するのはいつの若者にも共通する心理なのだろう。

【てよだわ語】

［てよだわご］　**女学生間の言葉をいささか冷笑する言葉で「よくってよ」「あらいやだわ」などをもじったものである。**㉓

(解) 「そうよ」「～なのよ」という女性語は、いまや男性と同じ語尾を使う女性がほとんどの現代人からすると、あまりに女性的で上品すぎカリカチュアライズされて見える。しかし、これらの語尾が登場した明治中期ごろには、むしろ「軽薄」「身分のいやしき娘」の言葉と揶揄されたのだから、時の流れは不思議である。なお、明治期に西洋の小説を翻訳する際、登場する女性の言葉に用いたためにさらに広まった。

【とてき】

［とてき］　**とても素敵の略。**⑳

(解) 「とても」が現代のように「すごく」「非常に」など最上級の意味で使われだしたのは実は大正末期頃からで、本来「とても」は「～ない」と組み合せて使う否定の副詞である。なお、この言葉の進化系として「とてもなんですって」のようにあえてぼやかすことで「イミシン」さを増す用法もあったようだ。

【ナップン・サラミー】

［なっぷん・さらみー］　**朝鮮語で「いやな人」とか「悪い人」と云う意味である。此の言葉は、彼地の女学校から流行し出したもので「あの方、とてもナップン・サラミーなのよ」と云った工合に、女学校仲間で盛んに使われている。**⑫

(解) 明治四三（一九一〇）年の韓国併合から太平洋戦争に於ける日本軍降伏までの三五年間、日本は朝鮮総督府を置き、朝鮮を統治していた。それ以前、朝鮮では私塾と小学校しかなかったが、伊藤博文主導のもとに学校建設事業が急速に進められ、旧制中学校は七〇校、高等女学校の数は七一校にのぼった。学校では日本語のほかに朝鮮語の授業もあったため、流行語に取り入れられるのも当然だろう。

【ナフタリン】

［なふたりん］ **嫌な奴。ナフタリンの臭いはたまらないので。**⑳

(解)現在普及している衣類の防虫剤はピレスロイド系の無臭タイプが多いが、筆者のような昭和生まれは防虫剤といえばナフタレン（リン）だった。堪えられないほど嫌な臭いではないが、嗅げばすぐにそれとわかり、久しぶりに箪笥から引っぱり

図版出典Ⓐ

出した服を着ていることがわかる気まずさがあった。このナフタレン、実は分子構造が確認されたのは明治二（一八六九）年と比較的新しい。それ以前は樟脳（クスノキのチップを蒸留してできる結晶）が使われており、防虫剤としての樟脳の使用は江戸初期から始まるという。

【ハンマ】

［はんま］ **Hand money（ハンドマネー）（小遣銭）の略。『ハンマ持ってて』。**⑳

(解)言ってみれば小遣いである。が、それではまるで小学生のようだから、ここは粋にハンマとすれば、サラリーマンか自分の稼ぎで立つ職業婦人のようでちょっと大人の仲間入りである。

【肥料の分配】

［ひりょうのぶんぱい］**『あの方肥料の分配よ』と云えば融通のきかぬ人のこと。故田中首相が『農村問題は公平なる肥料の分配である』と云って一世の笑いを買ったに始る。**⑳

(解)昭和初期の農村問題にとって肥料政策が重要な位置を占めていたことは、当時農林省農政局肥料課に勤めていた川崎一郎も『日本土壌肥料学雑誌』一巻一号（昭和二年）に寄せた「本邦に於ける肥料対策について」で指摘している。が、それには自給率の増加や、空中窒素固定肥料の国営化、金融改善、経済的・合理的施用法の普及など、さまざまな角度から改革する必要があるとしている。それをあっさり「分配」と言い切った田中義一《たなかぎいち》首相は笑われ、流行語になるほど広まってしまった。当時の与党議員で後の総理大臣鳩山一郎は「ありゃア失言だよ、肥

料じゃなくて費用じゃろう」と火消しに回ったと、昭和六（一九三一）年二月九日付大阪毎日新聞にある。

【埠頭】

［ふとう］**お便所のこと。**⑳

解 トイレの言い換えといえば、厠、はばかり、雪隠、手水、お手洗い、化粧室、W・C、パウダールーム、レストルームなどいろいろあるが、どれも埠頭にはかなわない気がする。詩的でありながら、気取りすぎず、さり気ない。なお、「現代女学生流行語辞典」『婦人倶楽部』大正一五年八月号では「はとば」と読ませ、埠頭のように休み時間に混んでいるからとある。

【見たわようね】

［みたわようね］**お羨ましい。『アラ随分見たわようね』など。**⑳

解 かなり高度な日本語である。「見た（わ）」が人をからかうときの、見ちゃった見ちゃったであることは103頁で引いた通り。「ようね」は他人事のように言う、三人称を一人称として使う用法（自らを彼、彼女と呼ぶ、40頁の使い方）にも似ていて、つまるところこの言葉も気取りや照れ隠しのニュアンスを感じる。

【ルート三】

［るーとさん］**封・〆と同じ。女学生間などで盛んに用いられるサインで、数学上の開平法で√3は開き切れぬという処《ところ》から封・〆の意味に用いられている。**④

解 女学生らしい愛らしい流行である。彼女たちにとって手紙は重要なコミュニケーションツール、郵便で出したり、下駄箱に入れたりして頻繁に交換し、友情やエス（109頁参照）の関係を育んだ。早速今日から封筒の封の部分に√3を書こう……と考えて、そもそも手紙を書かなくなったことに気付いた。メールの最後に√3ではどうにもしまらない。

【わしゃつらい】

［わしゃつらい］**閉口したとか参ったとか云う意味で。『随分しょってるわネ、わしゃつらい』など用う。**⑳

解 苦しい、困難であるという意味の「つらい」は、痛々しいとか、見ていられない、困ったという意味でいつの時代でも若者によく使われるようだ。現代でも「つらたん」「つらたにえん」、同じような意味で「しんどい」（「心労」からきた語で、関西地方の方言）という言い回しが話題になった。大してつらくないときに用いられるのも特徴である。

変な辞書

世の中にはさまざまな辞書がある。『新「ことば」シリーズ22 辞書を知る』（国立国語研究所、平成二一年）によると、辞書の種類は大きく分けて二三種類あるという。

①国語辞典、②時代別の国語辞典、③方言の辞書、④発音の辞書、⑤漢字の辞書、⑥書体の辞書、⑦表記の辞書、⑧品詞別の辞書、⑨専門語の辞書、⑩放送用語・メディア用語の辞書、⑪外来語・カタカナ語の辞書、⑫新語・流行語の辞書、⑬集団語の辞書、⑭教育基本語彙、⑮シソーラス・類語辞典、⑯表現のための辞書、⑰学習国語辞典、⑱外国語を学ぶための辞書、⑲日本語を学ぶための辞書、⑳手話の辞書、㉑記号・符号の辞書、㉒インターネットの辞書、㉓コンピュータの辞書である。

本書でとりあげている辞書は、さしずめ⑩、⑫、⑬辺りだろうか。戦間期の新語は、メディア語（新聞雑誌語）であり、外来語であり、集団語でもあった。これらは辞書全体で見ると氷山の一角だが、それでもバラエティに富んでいる。気になるタイトルから見ていこう。

◎『秘密辞典』（自笑軒主人、千代田出版部、大正九年）

こんなタイトルだがれっきとした新語辞典である。「何故秘密辞典は生まれたか」と題された会話調の序文から推察するに、知ったかぶりをしておいて陰でこっそり引く秘密の辞典という意味らしい。辞典部分のほかに付録として、記号、単位の漢字、英語の略字、ローマ数字、中国語の数字、漢字の偏や旁《つくり》の名前、活字の大きさが掲載されていてなかなか便利である。

◎『東京語辞典』（小峰大羽編、新潮社、大正六年）

方言の辞典だが、首都東京の方言とは何かといえば、職人や商人など地元の人の言葉のこと。例えば「麻布で気が知れぬ」（他人の心中の忖度し難きにいう。麻布区に六本木町あり、町内に六本の大木を発見する事なし、六本木とは何にちなみて命名せしかと云うにて、木の知れぬと気の知れぬとを言い通わせたる也）などの地口のようなものや、「ありゃこりゃ」（あべこべに同じ）、「ははっくち」（入口のこと）など拗促音を挟んだリズミカルな言葉が目につく。凡例の「誦読《しょうどく》玩味の間、破顔して微笑せざる可からざるものあらん」の言葉通り、落語を聞いたような一種清々しい気持ちになる。

◎『チョーフグレ』（南《みなみ》霞《か》濃《のう》、文献研究会、昭和五年）

　隠語辞典なのだが、タイトルの意味がわからない。はしがきには「『チョーフグレ』とは隠語の解釈という意味」としか書いていない。そこで他の隠語辞典を調べたところ、「チョーフ」は符牒の逆語で隠語を指し、「グレ」は「物事に馴れている事、精通している事を云う」ことがわかった。『隠語構成様式並に其語集』（樋口栄、警察協会大阪支部、昭和一〇年）の「くれてる」の項には「（あいつ「ねす」の癖に「ちょーふぐれ」していやがらあ）と云えば「彼奴は素人の癖に隠語を知っている」の意」とある。ちなみに、「グレ（る）」という語は語義がかなり多い。今も使われる「不良化する」という意味のほかに、浪花節（露天商人語）のこと、物事が変な具合になって予想通りいかないこと、悪事がばれること、住居がなく徘徊して窃盗する者のこと、曲がることなどがある。それにしても、辞典のタイトルを調べるために別の辞典を引いたのは初体験である。

　その他、新語辞典のタイトルで興味深いものに、

『なるほど』（松本重彦・伊藤尚賢《なおかた》編、一誠社、大正八年）

『一般的共通的　誤字誤読モダン語の新研究』（村井勝弥・代表、日本文字研究社、昭和九年）

『超モダン用語辞典』（斉藤義一、中村書店、昭和六年）

『ウルトラモダン辞典』（酒井達人編、一誠社、昭和六年）

などがある。わかりやすさと新奇さと内容の充実ぶりを表現したタイトルである。

　また、隠語、集団語辞典で目につくのは警察関係の辞典だ。

『司法警察　特殊語百科事典』（高久景一編、司法警察学会、昭和六年）

『思想警察新語辞典』（『思想警察通論』付録　日本警察社、昭和一一年）

『新特高辞典』（横溝光暉《みつてる》、松華堂書店、昭和九年）

　などがある。捜査のために最新の隠語を知っておくこと、極秘情報のやりとりの必要性などから、多くの集団語が生まれたのだろう。

　珍しい辞書を見ていると、一定のテーマで言葉を集めれば、どんなジャンルの辞書でもあり得るのだと気付かされる。辞書の懐の深さにあらためて感じ入る。

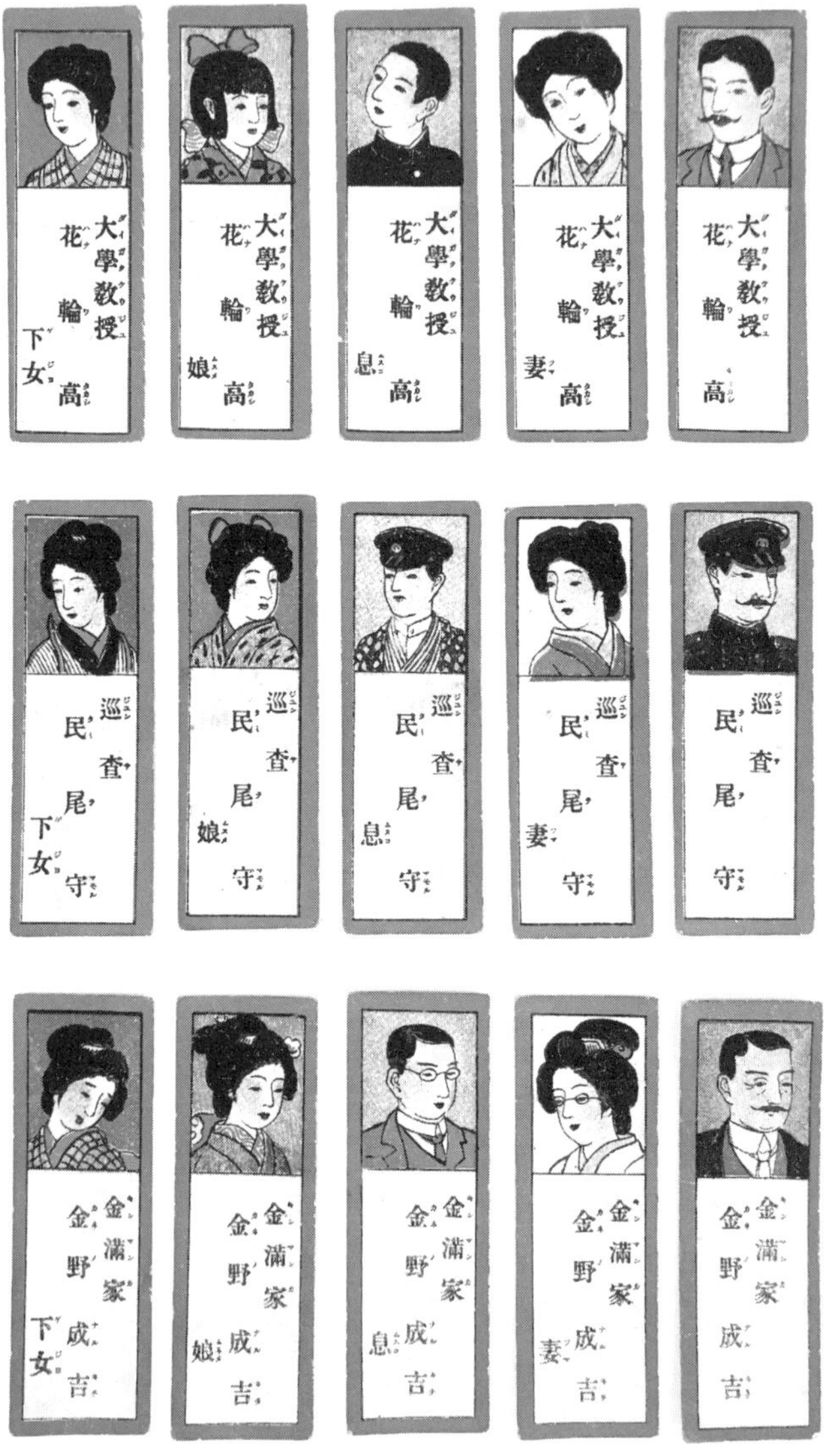

明治後期から昭和初期に流行ったカードゲーム「家族合わせ」。遊び方はいくつかあるが、手持ちのカードを捨てたり拾ったりしながらひとつの家族のカードを集めるのが基本ルールである。名前が駄洒落だったり、それぞれの立場を表すファッションや表情が楽しい。

ラジオ、トーキー、レヴューにカフェー、
シャンなあの子にラブレター。
モボを気取って銀ブラしたら、聞こえてきたのは
「あの人、モジ（モダン爺）じゃなくて？」
おお、秋や秋……。

浅草式

［あさくさしき］

強烈な色彩の挑発的気分を唆る興行物。前條と同じ。⑫

㊎ 繁華街としての浅草の誕生は江戸時代に遡る。明治二二（一八八九）年に東京市一五区となった際に**浅草区**となり、浅草寺付近を公園化した。浅草公園とその付近は**浅草六区**とよばれ、演芸場、劇場、映画館、カフェー、遊園地などが櫛比《しっぴ》した。明治二三（一八九〇）年に建てられた一二階建ての展望台「浅草凌雲閣」の裏手は下層民の営む私娼窟街で、「十二階下」と呼ばれ、**毒々しいイメージ**を担った。

ジンタ［じんた］

大太鼓が、ジンタ、ジンタ、ジンタカタッタと耳を聾《ろう》せんばかりに響く楽隊で「美しき天然」さえ奏していれば無事である。仁丹薬房が津々浦浦に宣伝隊を出した時、これに雇われた音楽家諸君が、あまり上手で無かったのが此語の起源だと云われる。⑫

㊎ **ジンタ**は海軍の元軍楽隊らで結成したブラスバンド**東京市中音楽隊**が嚆矢《こうし》だが、次第に楽隊広告屋となった。大正中期に生まれた**チンドン屋**と関東大震災後に合流。トーキーで失職した**映画館楽士**も加わった。

セイラー・パンツ

［せいらー・ぱんつ］

（英 Sailor-pants）水兵の穿く口の幅の十二吋《インチ》もあろうと云うズボンで、一名「ラッパ・ズボン」又は「行灯ズボン」と云い、モボの愛用品である。純毛のズボン下でも穿いて居ないと風邪を引きそうに見えるもの。⑫

㊫ モダン・ボーイの制服ともいえるのがこのセイラー・パンツ。**セラパン**ともよばれた。浅草オペラのスター榎本健一、二村定一《ふたむらていいち》が歌ってヒットした『洒落男』をはじめ数々の流行歌にモボの服装として**ロイド眼鏡**、**セーラーズボン**、**帽子**が歌われている。

ボッブ

［ぼっぶ］

ボッブド・ヘアの略されたもので「断髪」のことを指す語だが、シックを以て自から任ずる人達は、これをバブと発音している。襟脚を綺麗に刈り込んだボッブなど、今の銀座風景を彩るに相応しく、確にモダン・ボーイに対する偉大なチャームであろう。但し柄にもなく時代後れの変な恰好をしながら遣られたんでは、チャームどころか、鼻持がならない。⑫

㊎解 ボブには種類があり、それぞれ可愛らしい名称もある。下図を参照されたい。

ホンの寝巻

［ほんのねまき］

ある三枚目氏が素晴らしい洋服を新調して、颯爽とスタジオに現われました。小林十九二《とくじ》が「凄いなァ」と讃めると「なァに、寝巻のようなもンです」と答えたのが語源です。「序の口」「まだまださ」「なあにネ」等の時にこれを利用します。㉗

㊫ こちらは映画関係者の隠語を集めた「すたぢお・もだん語詳解」『台湾芸術新報』6(2)（台湾芸術新報社、昭和一五年）から。小林十九二とは大正末期から戦後まで活躍した俳優で木下恵介監督らの作品にも出演している。映画人らしい**スノッブ**な言い回しだ。

猟奇 ［りょうき］

フランス語のアヴァンチュールに相当する語。奇を探ると云う意味ではあるが、エロを追いグロを求めるような性欲的な場合に多く使われる。⑫

㊡ 奇を猟するという字面を見れば奇怪なものを求める意味であることはわかるが、アヴァンチュール（冒険、恋の火遊び）と結びつくとは知らなかった。……と納得しそうになったが実はこの言葉、作家の**佐藤春夫の造語**で、本人曰くロマン主義文学の特徴である「Curious Hunting」の訳語だと「現代流行語に対する一考察」『春泥』８（春泥社、昭和六年）にある。

【あの子】

［あのこ］ **西条《さいじょう》八十《やそ》氏作るところの東京行進曲の一節にある「せめてあの子の思い出に……」の「あの子」である。何と云うことなしに引きつけられるような気持と可憐さとを持たせる女を指して「あの子」とは云う。**⑫

(解) 西条八十作詞、中山晋平作曲、佐藤千夜子が歌った『東京行進曲』は日本初の映画主題歌、当時の言葉でいえば「映画小唄」である。昭和四（一九二九）年六月にリリースされるや大ヒットとなり、二五万枚という驚異的な数字を叩き出した。昭和四年といえば大不況のまっただ中、異例の売上げである。歌詞中で「あの娘」と表記された歌詞の前後は「ラッシュアワーに拾った薔薇を／せめてあの娘の思い出に」で、この薔薇は髪飾りであると西沢爽《にしざわそう》は想像する（『雑学東京行進曲』講談社文庫、昭和五九年）。ラッシュアワーの電車に乗っているということはOLなのだろう「あの娘」、確かに可憐である。実は、この歌から出た流行語は他にもある。歌詞「シネマ見ましょか／お茶飲みましょか／いっそ小田急で逃げましょか」から、郊外に出かけるの意である「小田急《おだきゅ》」が流行ったと『モダン語漫画辞典』中山由五郎（洛陽書院、昭和七年）にある。なお、当時はまだ小田原急行鉄道株式会社であり、小田急電鉄株式会社となるのは一二年後のこと。

【アラシの孤児】

［あらしのこじ］ **「近頃、ちっとも姿を見せないじゃないか」「情ねえ訳だが、このところ俺は、あらしの孤児でね」。グリフィスの名画「あらしの孤児」が、日本のモダンボーイには、かく使われる。つまり懐中工合が淋しい意味、「秋や秋」の弟である。**⑫

図版出典Ⓐ

(解) 一九二一年公開のサイレント映画『嵐の孤児』は、三時間以上もある（サイレントとしては）超大作で、フランス革命時代を背景にリリアンとドロシーのギッシュ姉妹がこれでもかと不幸な目に遭う物語である。しかし、どうも本国での評判はよくなかったらしい。日本では大正一二（一九二三）年公開である。

【イット】

［いっと］（英 It）生れは米国。太平洋を逆に横断して吾国に飛来した語。訳せば「あれ」である。事の起りは魅力淫力共に旺盛な未亡人を題材とした閨秀《けいしゅう》作家エリナ・グリン女史つくる処の小説題名から出たもので、男女共に発散するところの性的魅力と云う、一寸手軽には口から出されない意味を、兎も角、貴婦人淑女方の前でも臆面なく口に出せるようにした女史の手柄たるや、実に感謝の外はない。これがクララ・ボーの主演でトーキーになって以来、ガゼン暴風的の人気を得、世界いたる所へインフルエンザ以上の流行を見せたものである。「おい今度入社したタイピスト姫は、いやにイットを発散しやがるぜ」なぞと盛んに使われる。更に綴り字のアイ・ティーから「相手」にも通じて用いられ、更に「あ痛え」に代用して「指にトゲをさした。トテもイットでね、我慢が出来ない」など、際どいところへ洒落気を出す人間もあるから面白い。⑫

㊫ 小説『It』の著者であるエリナ・グリンは、ベストセラー作家でありながら、映画のプロデューサーや演出家としても活躍する女性で、「ビヴァリー・ヒルズの女帝」とまで言われた人物。日本でも天人社から昭和五（一九三〇）年に『イット』として出版されたが、それ以上に映画が大ヒットした。クララ・ボウのコケティッシュな魅力が「イット」という伏字のような表現にぴったりで、トレードマークの付け黒子も流行した。

《用例》なに一つ紛失してもいなければ、触れた形跡さえないので、ほっとして寝室へ帰ると、美しいフォン・リンデン伯爵夫人が、強烈な――を発散させながら寝巻に着更えていた。（牧逸馬《まきいつま》『戦雲を駆る女怪』昭和五年）

【ヴァムプ】

［ゔぁんぷ］（英 Vamp）前項ヴァムパイアの略。五月信子が高橋お伝でスッカリ名を売ったが、信子もお伝も共にヴァムプであるのだ。⑫

㊫ 最近はあまり使われないこの言葉、日本語に訳すと「毒婦」「妖婦」辺りだろうか。これも死語になった。つまり、男性を狂わせ堕落させる女性、生き血を吸って生さるようなイメージなのだろう。ハリウッドで当時ヴァンプ女優とされたのは

ニタ・ナルディやセダ・バラなど。黒髪のエキゾティックなタイプが多い。日本では『嬰児殺し』『高橋お伝』『花井お梅』などに出演した五月信子や、化け猫女優に転じた鈴木澄子、姉御女優とよばれた原駒子らがいた。

《用例》何という——（原表記：ヴァムプ）（vamp＝妖婦、男たらし、浮気女）だろう！ そしてあの人は、昨日まで妾《わたし》の信じきっていたあの人は、どんな顔をしてこの文句を読んだのだろう？（平林初之輔『オパール色の手紙——ある女の日記——』昭和四年）

【映画】

［えいが］英語で云うとモーション・ピクチュア。シネマ。シネマトグラフ。ムーヴィー。ムーヴィング・ピクチュア。フォトプレイ。フィルム。フォトドラマ。キノ。ピクチュア・ストーリ等々。随分色々な呼び方があるけれど、要するに「活動写真」のことである。活動写真という音は何処となく田舎臭いと云うので、今では映画という語が一般に使われているが、尖端的近代人を以て自任する連中は、一歩進んでシネマとかムーヴィー・キノとか云っている。⑫

図版出典Ⓐ

㊎ 映画とよばれるようになったのは大正末期頃といわれ、それまでは一般的に「活動写真」（または自動写真など）とよばれていた。簡単に「活動」と言う場合もあり、無声映画の上映中に脇で台詞や解説をする「活動弁士」も正確には「活動写真弁士」だが、活弁、活弁士などとよばれた。映画史については131頁の「オール・トーキー」参照。

《用例》最近偶然の機会から、ある——運動に関係しかけたのだが、今の処、自分一個として、別にその方面にこれという抱負があるわけではない（岸田國士『映画素人談義』大正一五年）

【エスペラント】

文化語

〔えすぺらんと〕（英 Esperanto）「世界共通語」である。今から六七十年程前に、ポーランドの医師ザメンホフが世界の言語を統一する目的で創意した人造語。学術上の研究発表等には都合の善い言葉で、ラジオでも英語や仏語の講座と肩を並べるほど盛んになって来た。⑫

㊖ 最初のエスペラント本『エスペラントの基礎』（ザメンホフ著）の出版は一八八七年、一八年後には第一回世界エスペラント大会が開催され、三三カ国が参加した。一九二〇年代には国際連盟の作業言語にエスペラントを加える動きがあったが叶わなかった。日本では明治三九（一九〇六）年に日本エスペラント協会が発足、二葉亭四迷が日本初のエスペラント本『世界語』を出している。日本人エスペランティストに新渡戸稲造、宮沢賢治、大杉栄、吉野作造、堺利彦、梅棹忠夫、柳田國男、井上ひさしらがいる。

《用例》今朝早くから──で夢中になっております。一瀉千里の勢いとまでは行きませんが、ともかくもズンズン読んでゆけるので嬉しくて堪りません。（大杉栄『獄中消息』大正八年）

【オール・トーキー】

〔おーる・とーきー〕（英 All-talkie）訳せば「全発声映画」となる。初めから終りまで、俳優の台詞も音響も音楽も全部入っているトーキーのことで、一〇〇パーセント・トーキーとも云われる。本邦トーキー作品で言えば「仮名屋小梅」や「大尉の娘」などが、其の代表的なものの一つであろう。⑫

㊖ 映画のはじまりは一八八八年ににフランスのオーギュスタン・ル・プランス（一八四一～九〇）が単レンズカメラを開発して撮影した二秒の映像「ラウンドヘイの庭の場面」といわれる。この時期、欧米では同時発生的に撮影機や上映機が発明されているが、一八九五年にシネマトグラフを開発したフランスのオーギュスト（一八六二～一九五四）とルイ（一八六四～一九四八）のリュミエール兄弟が「映画の父」とよばれている。その理由は、撮影アングルを工夫した映像作品を撮ったこと、カフェのサロンで有料上映をしたこと、カメラマンを育成して世界各地に派遣したことなどによる。なお、シネマトグラフ発表の翌年、エジソンも投影方式のヴァイタスコープを開発している。これらはいずれも音のない無声映画（サイレント）である。日本ではこれら海外のサイレントが巡回上映される際にブラス

バンドのジンタ（123頁参照）が音楽を付け、活動弁士とよばれる説明者が喋っていた。常設の映画館の建設は一九一〇年代で、日本製の劇映画もその頃から登場した。音のついた映画はサイレントに対してトーキーとよばれ、日本では発声映画ともよばれた。一八九五年にエジソンがキネトスコープ（映写機）とフォノグラフ（蓄音機）を組み合せたキネトフォンを発表、リュミエール兄弟らも同様の試みをしたが、音と映像の同期が困難だった。これを克服したヴァイタフォンを用いた映画『ドン・ファン』は一九二六年にワーナー・ブラザースが製作。台詞は字幕のみで音楽と効果音が入る程度だった。翌年、歌唱部分のみ同時録音したパート・トーキー（部分発声）映画『ジャズ・シンガー』が製作され、世界中を席巻した。全編音声付きのオール・トーキーはさらに翌年、『紐育の灯』を待たなければならない。日本では、フォノフィルム方式の権利を取得した皆川芳造のミナ・トーキー、ヴァイタフォン方式のトーキーなどパート・トーキー時代を経て、土橋武夫と晴夫が開発した土橋式トーキーを用いた五所平之助『マダムと女房』（一九三一年）が初のオール・トーキー映画となった。映画が音声付きになるのは時代の趨勢として避けられなかったが、声に難のあった役者は低迷、楽団員や活弁士が失職するなど影響は大きかった。

《用例》吾輩はそうしたルンペン道の代表者である。ユキアタリ・バッタリ映画、――、天然色、浮出し、街頭ローマンスの名監督である。（夢野久作『超人鬚野博士』昭和一〇年）

【オン・パレイド】

［おん・ぱれいど］（英 On parade）パラマウント社が松井翠声まで引張《ひっぱ》り出した顔見世レヴュー映画「パラマウント・オン・パレイド」が濫觴《らんしょう》で、ガゼン一代の流行児となった言葉だ。意味は「行進」であり「行列」であって、万物万象これ無くんば近代のもので無いと云うのだから恐ろしい。「ラヴ・オン・パレイド」「カフェ・オン・パレイド」「松竹座オン・パレイド」さァ諸君！ 浮足よろしく歩き給え。⑫

(解)『パラマウント・オン・パレード』が公開されたのは昭和五（一九三〇）年。当時パラマウント社に所属していた全監督、全俳優が出演した大掛かりなレヴューで、日本版では活動弁士の松井翠声《まついすいせい》が通訳として出演した。

《用例》今日は屋井が新派連を呼んだので喜多村御大以下来てる、島田

正吾、ひょっくり現われる、スター――（原表記：オンパレード）だ。（古川緑波《ふるかわろっぱ》『古川ロッパ昭和日記』昭和一四年）

【ガウチョー】

［がうちょー］（西 Gaucho）映画ガウチョーから出て「トテも物凄い」と云うような意味の語。蒲田の俳優連が使い出したのが始まりだと。⑫

(解) 語釈の「映画ガウチョー」とは一九二七年公開のダグラス・フエアバンクス（一八八三～一九三九）主演映画『ガウチョ』のことと思われる。ダグラスは国民的大スターで、「アメリカの恋人」とよばれたメアリー・ピックフォード（一八九二～一九七九）と再婚後はビバリーヒルズに居を構えた最初の映画俳優だ。日本での人気も凄まじかった。なお、ディズニーのミッキーマウス二作目のアニメーション『ギャロッピン・ガウチョ』（一九二八年）は『ガウチョ』のパロディである。

図版出典Ⓐ

【カジノ・フォリ】

［かじの・ふぉり］（Casino Folie）フォリは「愉快な」又は「面白い」の意で、「愉快に遊べる娯楽場」とでも訳すべきか。但しこれは外国ではなく、浅草水族館の二階にあるエロ・グロ・ナンセンスのカクテルを飲ませるインチキ興行物の名である。⑫

(解)「カジノ・フォーリー」は昭和四（一九二九）年、浅草公園水族館の二階で喜劇俳優の榎本健一（一九〇四～七〇）らが旗揚げしたレヴュー形式の喜劇劇団である。開始から二カ月で解散したものの、翌月にメンバーを加えて第二次カジノ・フォーリーを発足。歌やダンス、笑いと風刺を交えた演目は大いに受け、川端康成の小説『浅草紅団』（先進社、昭和五年）や、金曜日には踊り子がズロース（下着）を落とすという噂が人気を後押ししたが、この噂により昭和五（一九三〇）年に当局に睨まれ、ズロースの長さや色を指定された。昭和八（一九三三）年に解散している。

《用例》映画を見あきると、レヴィウを見た。宝塚の可愛いレヴィウから、――（原表記：カジノ・フォリー）、プペ・ダンサントと進み、北村富子一

座などというエロ・ダンスへ移り、アパッシュ・ダンスを観た。（海野十三『恐しき通夜』昭和六年）

【脚線美】

［きゃくせんび］　読んで字の如く、脚の有《も》つ線の美しさである。時代につれて曲線美の彩を変えたもので、ヌード・スタキングの生みの親。若者の胸を掻き乱して乱舞する、いと悩ましの素足の線を云う。地下室の窓から眺めて最も良し。⑫

図版出典Ⓔ

㊙解　「脚線美」という言葉を発明したのは映画プロデューサーで松竹の会長だった城戸四郎（一八九四～一九七七）とは本人の弁（「わたしのアルバム」昭和五〇年四月一五日付「夕刊フジ」）。昭和三（一九二八）年に松竹で「脚線美女優」を募集した際に作った言葉だという。なお、昭和四（一九二九）年に「脚線美女優」でデビューした元松屋銀座の店員大町弘子は、同じ松竹の俳優毛利輝夫と昭和六（一九三一）年に心中した。

《用例》　まったく最近の世相は行進曲の、テンポの、スピードの、ジャズの、――の、メカニズムの、野獣的にまで進んだために、勢い一般の左様な傾向に即した絵画を多少増加したかもしれない。（小出楢重《こいでならしげ》『大切な雰囲気』昭和一一年）

【銀ぶら】

［ぎんぶら］「銀」は銀座、「ブラ」はブラリブラリと歩くこと、乃ち銀座を漫歩することである。独りボッチなんかで歩いたら肩身が狭くて仕方がない。女房でも妹でも善いから連れて歩くべしだ。ステッキ・ガール。女房も妹も無い人には？　ステッキ・ガール。⑫

解　語源の説の多さは流行語中随一である。大正四五年頃に慶應生が言い出した説（西沢爽《にしざわそう》『雑学東京行進曲』、安藤更生《あんどうこうせい》『銀座細見』）、銀座にたむろしている連中「銀座のブラさん」が縮まった説（小野田素《おのだそ》夢《む》『銀座通』）、カフェ・プランタンに集まった人々が言い出した説（池田弥三郎『銀座十二章』）などがあるようだ。「銀ブラ」があるならば、とできたのが「心ブラ」（心斎橋）、「京ブラ」（京都京極）、「道ブラ」（道頓堀）、「元ブラ」（神戸元町）で、この伝でいけば無限にありそうだ。

《用例》――ということは、数年前からの流行語であり、銀座というところは、東京の名所で、地方から来た人は、デパート三越などと共に銀座を見物するようになった。（豊島与志雄『風俗時評』昭和一四年）

【グロテスク】

［ぐろてすく］（英 Grotesque）元来狂妄な人物や空想的動物を挿入した異様な題材を取扱い、又はアラビヤ風の模様を表す処の絵画描画又は彫刻の装飾方式を云う。中世紀の彫刻は異常な手腕を以て此のグロテスクな題材を取扱って居る。此装飾法の趣味は、文芸復興期中に行われたレオナルド・ダ・ヴィンチやラファエロのグロテスクな作品に、現在も尚残って居る。十七世紀に於いて、テニエールやカロがファンスタスティックな場景をよく描いて居たが、その中ではグロテスクな風格が主なる要素となって居る。普通には怪奇的なの意で、略して一般にグロと云っている。グロとエロは一九三二年の寵児である。㉑

（解）今でも使われる「グロ（い）」という表現、見るに堪えないような、生理的嫌悪感をおぼえるものを指し、エロとの親和性も高い。当時と感覚はあまり変わらない。

《用例》「これと反対に、例えばザッキンの妙な人形の絵など、随分形式的には――に出来ているが、感じの内容には、どこかある明るさと愉快がある。」（寺田寅彦『二科会展覧会雑感』大正一三年）

【傾向小説】

［けいこうしょうせつ］作者が何等《なんら》かの主義、思想を露骨に盛った小説を云う。近頃盛んなプロレタリア小説は、其の代表的のもので、嘗《かつ》て見られなかった強烈な傾向を帯びている。例の「西部戦線異状なし」や「何が彼女を左様させたか」は、傾向劇として著名のものである。⑫

（解）『ブリタニカ国際大百科事典』によれば「ドイツの Tendenzdichtung にならった用語」とある。これはフランスの七月革命に影響を受けた「青年ドイツ派」「若きドイツ」とよばれる一群の作家を指し、ハイネ、グッコー、ウィーンバルクらが属する。思想や信仰の自由、女性解放、人権の尊重などをテーマとした。日本の場合は特定の思想や政治的立場をテーマとする小説を指し、明治の政治小説である東海散士《とうかいさんし》『佳人之奇遇』（明治一八～三〇年）、矢野龍渓《やのりゅうけい》『経国美談』（明治一六～一七年）や、大正から昭和初期に盛んになったプロレタリア文学を指す。

《用例》——、理想小説、浪漫派小説、写実派小説、自然派小説抔《など》と云うのは、皆在来の述作を材料として、其著るしき特色を認めるに従って之を分類した迄である。（夏目漱石『高浜虚子著「鶏頭」序』明治四〇年）

【戦線異状なし】

［せんせんいじょうなし］　**作者は独逸のレマルク。中央公論社を救った義侠心が世人を感動させたとでも云うのだろう。其の持て方たるや素晴らしいもので「月給戦線異状無し」なんて情ない使い方をする奴まで出現した。売行が盛んだと亀の子束子にまで模造品の出来る時代だ。此語また御多分に漏れずして、「異状あり」なんてインチキなものまで出来た。今や就職戦線大に異状あり、レマルク君、俺達は救ってくれないのか！**⑫

解　『西部戦線異状なし』の著者、エーリヒ・マリア・レマルク（一八九八～一九七〇）は、第一次大戦の際に一八歳でドイツ帝国軍に志願し、翌年被弾して傷痍軍人として帰還、小学校教員や雑誌ライターなどしていた人物で、一九二九年、三一歳の時に従軍体験を書いた『西部戦線異状なし』が世界的ベストセラーになり、売れっ子作家になった。日本では帝劇の社長で作家でもある秦豊吉が翻訳し、「レマルク」現象とでもいうべき一大旋風を巻き起こした。なお、原書のタイトルの直訳は「西に新しきものなし」だが、秦は友人の映画評論家の岩崎昶《あきら》と相談し、ラストシーンの「西部戦線異状なし」にしたというが、本書の成功はタイトルの功績もあったのではないだろうか。昭和四（一九二九）年は築地小劇場（138頁参照）が新築地劇団と劇団築地小劇場に分裂した年だが、両劇団がこの小説を舞台化し同時競演したことで話題をよんだ。また、翌年には中央公論社から「レコード西部戦線」が発売され、新内節の岡本文弥《おかもとぶんや》が左翼新内として「新内節西部戦線」を引っさげて全国行脚したというから、人気のほどが伺える。この作品が当時の人々を魅了したのは、「ジャズ的要素と原始的エロチシズム」（岡澤秀虎「戦争小説

図版出典Ⓐ

の世界的流行」『改造』昭和四年七月号）というエンターテインメント性にもあるが、時間と空間、音と映像のモンタージュ的手法が、演劇やトーキー（132頁参照）に切り替わり始めた映画と親和性が高かった点が挙げられる。なお、流行語としての「戦線異状なし」は昭和五（一九三〇）年だけでも、土屋春泉『西南戦線異状なし』（改潮社）、原田宏『夫婦戦線異状なし』（中村書店）、尖端軟派文学研究所編『恋愛戦線異状なし』（法令館）、上山肇『肉弾戦線異状なし』（泰光堂）などのタイトルがある。

【漱石文典】

［そうせきぶんてん］故夏目漱石と云えば文壇の大家であることは誰しも知っているが、この大家が書いた文章を見ると出鱈目やアテ字が多く、到底遺著出版者はその煩に耐えない処《ところ》から漱石文典という一つの独特の文典を作り、それを基として訂正に従事することになっている。例えば「ぼんやり」を「盆槍」「ばけつ」を「馬尻」「鑑定」を「勘定」と書いたなど。④

㊎ 正式には「漱石文法」というが、誕生には曰くがある。大正六（一九一七）年発売の『夏目漱石全集』（岩波書店）の校正のために作られた謄写版一五〇頁に及ぶ冊子「全集校正文法（下書）」には最終頁に制作者として夏目漱石（一八六七～一九一六）門下の森田米松（草平）、林原耕三（耒井《らいせい》）、内田栄造（百閒《ひやつけん》）の名が記されている。また、安倍《あべ》能成《よししげ》は全集の月報に森田、内田の両名が作ったと書いている。が、林原によればこの文法は全集の何年も前に個人的にまとめたものだという。全集の校正スタッフに抜擢された際、林原は安倍に大学卒業を先にしろ、但し文法は提出しろと言われた。公的なものではないため断ると「出し渋りをするのか」と責められたので仕方なく提出。その際、正、俗、略字などが混じっていて大変な作業になるので、後任の人はよく考えて選んでくださいと伝えたが、安倍は拒否。その後一度、林原復活の話が出たが取り消された。間に鈴木三重吉が立ったりもしたが、この件は遺恨を残した。以上の挿話は約五〇年後、奇しくも安倍能成の没年に同じ岩波書店から出た『漱石全集』の月報で林原によって明かされた。

【第九芸術】

［だいくげいじゅつ］第八芸術（その項参照）より更に飛躍したものと

して、トーキー（その項参照）のことを、一部狂信者が崇めてそう呼んでいる。トーキーと真正面に呼ぶよりも、第九芸術と呼んだ方が新しい感があるからである。⑨

㊫映画（無声）を第八芸術としたのは一九一九年五月一三日、グリフィスの映画『散り行く花』の試写を観たアメリカの映画関係者が「この映画は音楽、絵画、文学、演劇、舞踊、彫刻、建築の七つの既成芸術に対して明らかに区別された」と言ったことに由来すると『日本映画発達史I』（昭和三二年、中央公論社）にはある。映画に声がついただけで第九にまで繰り上げられるのは飛躍しすぎのような気もするが、衝撃的度の高さが伺える。

【築地型】

［つきじがた］　築地小劇場が創立された当時は、同劇場に属するものは、揃いも揃ってルパシカに黒のハンチングと云うソヴエット仕込の恰好で、銀座狭しとばかりに練り歩いたものである。此のスタイルが築地型である。今では風俗画報にでも載ろうと云う昔語りになってしまった。⑫

㊫大正一二（一九二三）年九月一日に起った関東大震災は歌舞伎座や帝国劇場、浅草オペラなどに甚大な被害を与えたが、築地小劇場は震災を機に建設された珍しい劇場である。また、日本初の劇場を持つ劇団であり、新劇（西洋劇、現代劇の意）上演の劇場としても日本初だった。創設メンバーは土方与志、小山内薫、浅利鶴雄（演出家浅利慶太の父）、汐見洋、友田恭助、和田精（イラストレーター和田誠の父）の六名。震災で急遽ドイツ留学から帰

図版出典Ⓐ

国した土方が小山内とともに震災復興の一環で制定された「仮設興行場取締規則」（警視庁令第四八号）に則りバラックの劇場を建設。といっても、中央区築地二丁目に一〇〇坪あまり、客席数四六八の機能的で立派な建物だった。劇団は当初、各自費用を出し合って運営していくものとしていたが、伯爵の家柄である土

方の私財で成り立っていた。非商業主義を謳い「演劇の実験室」「民衆の見世物小屋」として表現主義の前衛的な作品やプロレタリア作品を取り上げていた。また、養成に力を入れ、「演出」という概念を生み出し「演出家」を日本に定着させた。昭和三（一九二八）年、小山内薫が急逝、内部分裂が起り昭和四（一九二九）年に新築地劇団と劇団築地小劇場に分裂、翌年に解散した。辞書の記述は解散翌年の昭和六（一九三一）年だが「昔語りになってしまった」という書き方に、劇団がいかに急速に駆け抜けたかを思わせる。

【何がそうさせたか？】

［なにがそうさせたか?］　藤枝成吉氏の発明にかかる語で、最初のものは「何が彼女を、そうさせたか」である。これが劇、映画、文学の三方面に大好評を博したので流行し始め、忽ち海内を席捲してしまった。「何が彼女を神経衰弱にさせたか」「何が彼女を痩せさせたか」等々、何でも使用便利な語。但しあまり濫用されるので少し煩さくなり、近来聊《いささ》か敬遠された形である。⑫

㊙解 著者の藤森成吉（一八九二〜一九七七）は作家で劇作家。『何が彼女をそうさせたか』は昭和二（一九二七）年に『改造』誌に連載された戯曲で、同年築地小劇場で『彼女』として上演されている。昭和五（一九三〇）年には鈴木重吉監督で映画となり『キネマ旬報』誌でベスト映画一位に選ばれた。筆者の手元にこの年に出た『普及版 何が彼女をそうさせたか？』（改造社）があるが、発売二カ月で実に六〇版を数えている。物語は、孤児院に育った少女すみ子が世間の荒波に揉まれて次々と不幸に見まわれ、最後に教会堂に放火するというものでいわゆる「傾向映画」である。階級問題にめざめ、社会不安に押しつぶされていた大衆の心を捉えた。映画は長らく行方不明だったがロシアで発見され、欠落したシーンを字幕で補い平成一〇（一九九八）年に復元された。

【春や春】

［はるやはる］「春や春、オレンジの花咲く南方のロマンス」なんて映画説明を引き出すまでも無く「善い気持」「得意の時代」の意味に之を使っている。出所は有名過ぎる　ほど有名な活動の題名で、「どうだい此頃？」「金は出来るし、彼女とは一緒になるし、春や春だよ」と、まアこう来るところである。⑫

解 大正七（一九一八）年封切、リン・F・レイノルズ監督『南方の判事』の上映の際、説明者林天風が「千村万洛春たけて、紫紺の空には星の乱れ、緑の地には花吹雪、春や春、春南方のローマンス」と言って流行した。なお、反対語に「秋や秋」がある。「山吹色の葉が落ちる、風が身にしみる、気がめいる、即ち懐中のしょげた形」の由。

【ペラごろ】

［ぺらごろ］「オペラごろつき」の略。「ペラ党」を見よ。⑥

解「オペラ」といっても高尚なヨーロッパ歌劇ではない。大正五（一九一六）年から関東大震災が起った大正一二（一九二三）年までのわずか七年間に熱狂的なブームを引き起こした浅草オペラのことである。明治四四（一九一一）年に帝国劇場がオープンし、イタリアの演出家ジョヴァンニ・ローシー（一八六七〜一九四〇）を招いて本格オペラを持ち込んだものの興行的に失敗。残った座員たちが乗り込んだのが浅草だった。わかりやすい日本語の歌詞やコミカルな演技、オペレッタ風の味付けがたちまち大衆を虜にしたが、そこで登場したのが「ペラごろ」とよばれるアイドルファンたち。そのなかには、牧師でジャーナリストの青柳有美《あおやぎゆうび》や、作家の浜本浩、僧侶で作家の今東光《こんとうこう》、詩人のサトウ・ハチローらもいた。「ペラゴロ」はスターの名を染め抜いた旗を特注して劇場の天井から吊るしたり、観劇中に花吹雪を投げたり、怒鳴るような応援合戦を繰り広げたりと過激な行動で知られ、ペラゴロ同士の喧嘩も絶えなかった。いつの時代もアイドルファンの熱量は変わらない。

図版出典Ⓐ

《用例》「恋はやさしい野辺の花よ」の「ボッカチオ」や「岩にもたれた物凄い人は」の「ディアボロ」を高唱しつつカーボーイの帽子を冠って、セントラルカフェーにブラジル系の珈琲を飲んで捌りどころなき情熱を燃やした私たちそのかみの「──（原表記：ペラゴロ）」（そう呼ばれていた）もこんな昔噺をかけるようになってしまった。（正岡容《まさおかいるる》『大正東京錦絵』昭和一七年）

近代の階層問題

一九九〇年代以前の教科書では、江戸期に士農工商という厳然たる身分制度があったとしていた。しかし、ここ二〇年ほどで研究が進み、武士が支配階級ではあったものの、侍と農民の二重身分を持つ者がいるなど、必ずしも単純ではなかったことがわかっている。

では、明治以降の近代で階層問題は解消されたのだろうか。

明治四（一八七一）年に廃藩置県が行われ、職業選択の自由が与えられた。旧武士は、華・士・卒族となり、官僚、各府県の知事、銀行家、実業家など既得権益を活かした職業に就き、子弟たちは旧制高校や官立の大学に進んで縁故を利用して官庁や大企業に就職した。農民は明治六（一八七三）年から始まった地租改正により上層の自作農者や地主らに参政権が与えられ、地主議員たちが誕生、家業を継がない次三男たちは都市に出て肉体、非肉体労働者となった。自営業者は内職者から労働者を雇う者まで貧富に幅があった。

維新の初期こそ立身出世が称揚されて階層移動が可能になったかに見えたが、実家の資産の多寡で格差が固定化し、明治三〇年代頃には市場に人材も溢れ「煩悶」が流行語となるなど社会への不満が募り始めた。

大正半ばから昭和にかけて、関東大震災と二回の大恐慌があり、労働運動が盛んになり下層民も増えた。この頃、サラリーマンである「新中間層（中間階級）」が登場するが、ここにもエリート（専門職や管理職）と非エリート（民・官事務員、店員）がいた。つまり近代は、生来的身分はないものの継承される資産などのせいでやはり階層移動が容易ではない社会なのである。

地方から大量に流入した雇用労働者は、単身で就学や就職を機に上京し、社会の多数派となった。彼らは「洋服細民（モダンな洋服姿の貧乏人）」と揶揄されながらモダン東京を闊歩し、戦後には大衆文化の担い手となっていく。

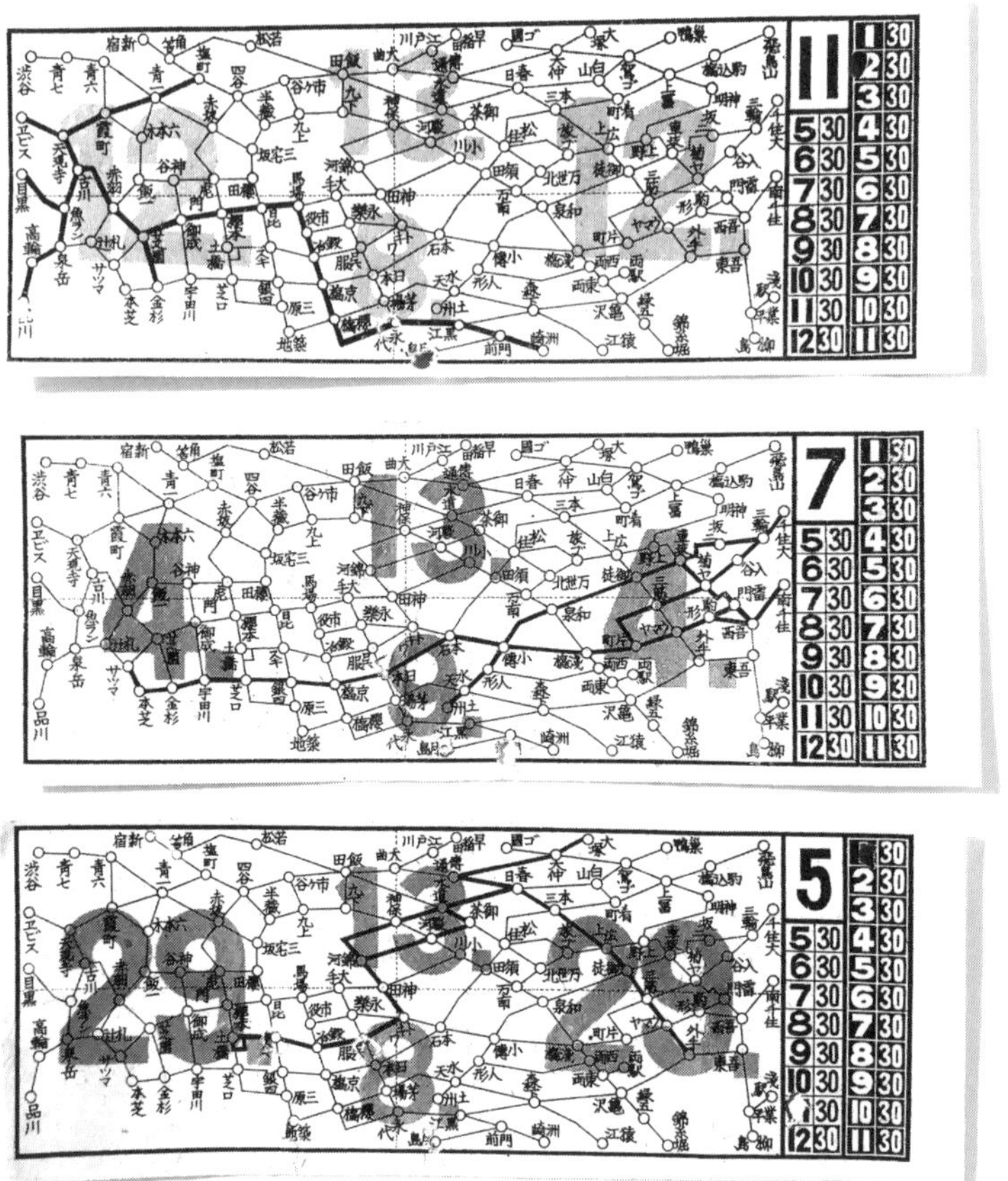

東京を走る路面電車、東京市電の切符。例えば一番下の切符は大正一三（一九二四）年八月二九日のもので、右上の数字「5」は大塚出張所を表していると思われる。路線図の太くなっている区間が有効区間か。それにしても痒いところに手が届くような緻密な交通網で、さぞかし便利だったに違いない。

医療

なに、頭が痛い？　高山病だ？
腹が痛い？　ヒステリーの気がある？
催眠術にかかったけど治らなかった、と。
そりゃあ君、
病名を「与えよ病」じゃないかね。

アブノーマル

［あぶのーまる］

（英 Abnormal）「不健全な」或は「病的な」と訳し、常態で無いことを指す。「彼はアブノーマルな男だ」と云えばあの男は少し変だ、常規を逸した所があるということだ。⑫

㊫ 大正から昭和にかけて流行した**変態**、**猟奇**、**グロ**にはどれも同じ思想が通底している。それは健全、正常へのアンチテーゼであり、不景気や戦争など社会不安を抱えるモダン人士の息抜きだった。しかし、優生思想などと結びついて抑圧や排除に容易に傾く**危ういブーム**でもあった。

ガース・コントロール

［がーす・こんとろーる］

（英 Girth-control） 最近やかましく云われるところの、バース・コントロールに似せて作られた言葉。ガースは「胴の廻り」の意味で、「肥り過ぎぬように用心する」と云うことである。バース・コントロールの必要がなくなる頃になると今度は急に肥り出して、ガース・コントロールを痛感しようと云う訳で、何とコントロールの御婦人を悩ますことよである。⑫

㊖ サンガー夫人（92頁参照）提唱の**産児制限**（バース・コントロール）の流行りぶりたるや。

三等症

［さんとうしょう］

軍隊用語で「性病」のこと。一等症は戦傷、二等症は普通の病気。そして一番下位の三等症が此の性病で、之を卑しみ呼んだのが一般的になったのである。いくら勉強しても、こればかりは二等症に進級は不可能だ。⑫

㊓ 海軍では、性病に罹患した兵員は**減給、上陸取り止め、善功章をやらない**などの懲罰があったため、軍艦で治療せず上陸時に町医者に行ったり、売薬を買って治そうとしたりしたこともあったとは、ある海軍軍医大佐の弁（「海軍兵の性病予防」『体性』昭和三年）。

トニック

［とにっく］

（英 Tonic）「強壮剤」である。ソマトーゼ、スペルマチン。さては近頃しきりに宣伝している「どりこの」なんかのことである。アスピリンなぞとは違って、「強精」と云う有難い副作用を持っているだろう？　と思わせぶりなところに、得も云われぬ味がある。⑫

㊖ トニックというとヘア・トニック（養毛剤）やトニック・ウォーター（香草や柑橘類の果皮などを加えた炭酸水）が浮かぶが、正しく「強壮剤」の意味である。**人類の強壮剤好き**は筋金入りだ。

メスメリズム

［めすめりずむ］

「催眠術」のこと。「催眠術師」はメスメリストと云う。⑫

㊎ドイツ人の医学者フランツ・アントン・メスメル（一七三四〜一八一五）が提唱した**動物磁気**の理論と治療法がメスメリズムである。日本では明治二九（一八九六）年にイギリス人落語家の快楽亭ブラック（一八五八〜一九二三）が神田錦《きん》輝《き》館《かん》で催眠術の公開実験を実施したことで大ブームになった。宇宙に満ちた流体（動物磁気）が人体内で乱れることで病気になるとして手をかざして治療をしていたが、日本では催眠術として広まり、**手かざし**など**霊術を施す新興宗教**にも影響を与えた。

理想病［りそうびょう］

肺病を云う。小説「不如帰《ほととぎす》」の女主人公浪子《なみこ》を理想とする女多く、しかも浪子が肺病なりしより起る語。されば肺病を浪子とも云えり。⑭

㊫ **『不如帰』**は徳冨蘆花が明治三一（一八九八）年から翌年にかけて国民新聞に連載した**家庭小説**。主人公の浪子は継母や恋の邪魔者、きつい姑に堪えながら海軍少尉の夫と仲睦まじく暮しているが、夫が日清戦争に出征した後に結核に罹り離婚を強いられる。これでもかと不幸が降り掛かる**お涙頂戴**のストーリーは大当たりとなり、映画化されること実に一八回を数える。

【与えよ病】

［あたえよびょう］　何の主義も主張もなく、ただ流行の波に押流されて、万事猿の人真似式に徒《いたず》らに要求を叫ぶものを軽蔑した言葉。此《こ》の病気なかなか治し難いそうだ。「吾々婦人に参政権を与えよ」などの類。⑫

解　非常に考えさせられる語釈である。まず「徒らに要求を叫ぶ」の例が婦人参政権という当然の権利であることに隔世の感を覚える。日本で普通選挙が誕生したのは大正一四（一九二五）年だが、まだ女性に参政権はなく、実現を見たのは戦後の昭和二〇（一九四五）年のこと。欧米に遅れること約二〇年以上、しかもＧＨＱの指令によってやっとというありさま。が、語釈にあるような男性筆者の感覚を見ればむべなるかな……。

【左翼小児病】

［さよくしょうにびょう］　社会運動の用語で、階級闘争は其《そ》の客観的情勢の変化に適するよう伸縮し、自由自在に動く戦術を応用しなくてはならないが、徒《いたず》らに枝葉に走り、一つの原因にのみこだわって融通性を忘れ、肝腎の目的を逸するような傾向を指して云う言葉。此《こ》の病気の発見者はレニンである。⑫

解　正確には一九二〇年にレーニンが出版した『共産主義における「左翼」小児病』のなかで定義された言葉で、「極左冒険主義」とともに急進派、過激派を指す用語である。なお、派生した流行語として「右翼小児病」もあったようだ。

《用例》　プロレタリア作家団に対しては、同年の大会のとき、「同伴者《パプッチキ》」に対して――に陥ってはならないと特別にルナチャルスキーも注意を与えている。（宮本百合子『ソヴェト文壇の現状』昭和六年）

【ジャパノフォビア】

［じゃぱのふぉびあ］（英 Japanophobia）「恐日病」「日本嫌い」で、新興日本の勢力に少なからぬ圧迫を感じること。此《こ》の反対はジャパノマニアである。⑫

解　日清戦争前後から急速に勢力を拡大する中国人や日本人に対し、脅威を感じた欧米人の心情を表わす言葉。「黄禍論」と同義。裏を返せば白人には植民地政策を進める特権があることを意味し、根深い差別がある。日本が新興国だった時代ならではの用語で、あらゆる新興国が受ける悪しき洗礼ともいえる。

【春的気分】

[しゅんてききぶん] 年頃の男女の覚ゆる青春の悩みから起る気分である。性欲学上では色欲の萌すことをいう。心理学者小倉清三郎氏の創《はじ》めて用いたる語。㉛

(解) 大正時代に「性科学」がブームになったが、そのきっかけとなったのはイギリスの心理学者ヘンリー・ハヴロック・エリスが著した『Studies in the Psychology of Sex』(邦題『性の心理』〈冬夏社、大正一〇年〉)である。この本は熱心なクリスチャンである小倉清三郎(一八八二〜一九四一)にも影響を与え、小倉は性の研究に一生を捧げることになる。その研究方法は赤裸々な性的体験レポートを集めるというもので、それらを掲載した雑誌『相対』を大正二(一九一三)創刊。投稿者はすべて匿名だったが、会員には医者、弁護士、作家、社会主義者、新聞記者など高名な者も多く、芥川龍之介や平塚らいてう、坪内逍遙らもいた。内容の露骨さにたびたび警察の弾圧に遭うが、小倉が急死して後は妻のミチヨが跡を継ぎ、戦後まで雑誌発行を続けた。小倉はマスターベーションを表す「自慰」という言葉を考案したことでも知られている。

《用例》 私共はこう云う真面目な小雑誌の一つ生れる方が下だらない文芸雑誌の十も生れるよりはたのもしく思います。内容 主たる問題 性的経験と対人信仰 春的経験 ― 春的性感 馬虜に伴う腥覚時の遺精の一例 人にも祈る 幸運不運 若きニュートンの幸運 山の上の出来事(想像)(伊藤野枝『寄贈雑誌』大正二年)

図版出典Ⓑ

【職業病】

[しょくぎょうびょう] 職業によって起る特有の疾病。例えば、仕立職の胃腸病とか、石炭工の肺病とか、また生活不安状態を憂慮する一種の神経病とかの類。①

(解) 労働基準法も公害対策基本法もない時代、劣悪な環境で長時間労働をさせられた労働者は、心身を病んでも何の補償も得られなかった。そこで立ち上がったのがキリスト教系団体や社会主義者であるが、法律ができても厳しい罰則がない限り守られないことが現代まで続いている。しかしこの言葉、今では往々にして日常生活のなかで職業による特定の習慣が出てしまうことを指す。暢気な言葉になってしまった。

《用例》遂に永井氏も前から——として持っていた原子病が再発して病床に倒れてしまうのである。（原民喜『長崎の鐘』昭和二四年）

【世紀病】

［せいきびょう］　**十八世紀末葉から、十九世紀の中葉にかけて欧州全土に漲り亘った厭世懐疑思潮で、精神生活の動揺惑乱と物質文明の厭迫のために生じた一種の時代病。ドミユッセの「世紀病者の告白」という小説が当時の人心の不安動揺を語っている。**①

㊰ 初期ロマン主義とよばれる文学作品（ゲーテ『若きウェルテルの悩み』、シャトーブリアン『ルネ』など）や、一九世紀末の後期ロマン主義、デカダンスとよばれる退廃的作品（ボードレール『悪の華』、ランボーの一連の詩など）に通底する興奮や幻滅、虚無感を指す言葉で、ワーズワースらが「mal du siécle（世紀病）」と名づけた。『新らしい言葉の字引』（実業之日本社、大正一三年）には「特にフランスの青年層に見られたロマン主義的傾向に対して侮蔑的に使用された」とある。文学運動としては古典主義へのアンチテーゼとして個人の感情や体験、夢を主題にしたといえるが、その背景には、階級社会をはじめとする旧来の価値観が壊れ、革命や戦争などの不安が挙げられる。ある意味で、ロシアのオブローモフ（88頁参照）やサーニン（91頁参照）も世紀病患者といえる。

《用例》これはやがて、「——」とも名づけられたとおり、ヨーロッパ文明の崩壊を予告する徴候の一つとも見るべきもので、文学としてはこの傾向がわが国にも多少伝えられています。（岸田《きしだ》國士《くにお》『力としての文化——若き人々へ』昭和一八年）

【整容外科】

［せいようげか］　**整形外科の弟分である。先年愛知医大で脚線美の手術を行い、意外の好成績を収めたのが事の起りであるそうな。鰐口頬骨の出張ったもの、其他《その》、顔面に関する美容上の最新医術である。これで始めて生れた子供に恨まれる事なしに親になれると云うものだ。**⑫

㊰「先年愛知医大で脚線美の手術を行い」の具体的な内容がわからない。が、美容整形手術自体は明治時代から導入されていて「日本初

の整形美人女優」と称された松井須磨子や、作家の田村俊子も早い時期に手術を受けたといわれている。二人が受けたのはいわゆる隆鼻術で、松井は蝋を、田村はパラフィンを鼻に注入したという。この施術は免疫異常になったり壊死することもあり今では禁止されている。実際、松井は体温で鼻梁がずれたり、腫れるなどの後遺症に悩まされた。

図版出典Ⓐ

【潜水病】

［せんすいびょう］空に航空病あり、海に潜水病ありと来ては、遺憾なくモダン・シック行渡れりの観がある。此の潜水病と云う奴は、強大な水圧のため血液が濃縮されたまま浮び上ると、ガゼン水圧が減少して血液の中に気泡が生ずる。此の気泡が血管に作用して中風患者みたいになったりする事をいう。しかし一四二六呎《フィート》（引用元のまま：誤植か）以内は、断然此の心配なしだと云うから、うんと金目になるものでも拾い上げて、此の不景気を吹っ飛ばして見るのも痛快だ。どうです、誰方《どなた》か一つ遣って見る気はありませんか。⑫

解 潜水病がモダンな病気とは知らなかった。別名減圧症ともいわれ、水深一〇メートル以上、とくに三〇メートルを超える深さから浮上する場合が危険と言われ、ダイビングでは一分間に一八メートルを超えないように気をつけるという。解説の一四二六呎は約四三四・六四四八メートル、金目の物を探している場合ではなく十分に時間をかけて浮上してほしいものだ。

【戦争病】

［せんそうびょう］一九一四年以来、欧州各国では、戦禍のために恐怖と食料の激しい圧迫のために、婦人は多く精神・肉体共に異状を呈し、引いては生児は極めて不健康で、顔色蒼白一見病者の如き状を呈したが、社会学者はこれを戦争病と呼ぶ。⑥

解 今の言葉でいうと戦闘ストレス反応、シェル・ショックだろうか。「生児は極めて不健康」とあるから、戦争に起因する病気全体をいうようだ。第一次大戦では毒ガス、機関銃、戦車などの近代兵器が用いられ、それ以前とは一線を画した。地獄絵図と化した戦場から辛くも生還した兵士たちが悩まされた。

《用例》死因は黄疸だったときく。黄疸は——の一つだということだ。（織田作之助『武田麟太郎追悼』昭和二一年）

【都会病】

［とかいびょう］赤ン坊の叫び声と夫婦喧嘩の寄生聴、一歩家を出ずれば交通機関の雑音とラジオの中継放送。疲労は慢性になって、レヴューを見てもエロ・グロを感ぜず、妙にポカンとして無刺激、無感覚状態になってしまっていると云うのが其《そ》の症状である。特に効果のあるのは金で、これを持薬としても常用としても、頓服に用いても効験は覿面《てきめん》。すぐピンとして来ようと云うのだから浅ましい。⑫

図版出典Ⓐ

(解) 説明文を読むだけで頭がパンクしそうだ。どれほど刺激にあふれた過酷な日々を送っていたのかとも思うが、インターネットやスマートフォンがある現代よりはのんびりしていたはずである。むしろ今では変化が速すぎて「無感覚状態」なのかもしれない。特効薬は「金」とのことで、やはり黄金万能主義（88頁参照）である。

【トッカマン】

［とっかまん］戸塚に住む、早稲田派の文士だろうなんて思ったら大違いで、云うところのトッカピン、若《も》し広告にある通りに利くものなら、斯《か》くもあらなんと思われる「精力絶倫なる近代的英雄」の別名である。⑫

(解) 大正、昭和初期の新聞を閲覧していると「トッカピン」の広告をよく目にする。由来のわからない不可思議な名前と「カンニングは卑劣だ それよりトッカピン」「彼、どうやら飲んだらしい トッカピン」という、謎めいたコピーが印象的で忘れられない。驚くことに、トッカピンは現在も生産販売されている。当時と変わらず金陽製薬株式会社から出ている。

【ヒステリー】

［ひすてりー］（英 Hysterie） 日本の御婦人だけが、恥ずかし気もなく手放しで宣《のたま》うところの「子宮病」と云う意味のギリシャ語から出たもので、官能性神経症の一種である。些細な精神的感動を受けても全身に痙攣を生じ意識の明瞭を欠き、躁暴状態や夢遊状態を惹起《ひきおこ》そうという厄介千万なもので、平生から其《そ》の性格は浮気で軽率で感情が転換し易く、色情及び虚栄心が篦棒《べらぼう》に強く、道義的に内省することが出来ず、少しでも気に入らぬ事があると、例の発作を起し易くて始末が悪い。然《しか》し御機嫌を取結んで甘い言葉の一つも掛けると、直ぐにケロリと全快すると云う、良人たるものには本命的殺八方塞がり、実に助からない病であるが、何しろ近代的婦人には特に此《こ》の傾向が著しいと云うのだから、遣り切れたもんではない。略してハー・イプシロンとも云う。⑫

(解) 恐るべき偏見と無知にいろどられた語釈である。「ヒステリー」は医者、哲学者、司祭、祈祷師らが独自の解釈のもとに百花繚乱の治療を繰り広げた希有な「病気」である。ギリシャ、ローマ時代には子宮の病いと考えられ、座浴させたり膣に器具を入れたりした。中世では悪魔の仕業とされ、火刑に処した。一七世紀になると病因が大脳説と子宮説に分かれた。その後もメスメル（148頁参照）の磁気療法をはじめ、催眠療法、電気療法などさまざまな方法が試されたが一九世紀にシャルコー（一八二五～九三）とその弟子により発作の時間的経過や、臨床目録が作られて心因性と判明した。フロイト、ユングなどの研究を経て、現在では神経症の一種とされ、精神医学において転換型（知覚麻痺、けいれん、失声など）解離型（健忘、遁走、離人、てんかんなど）に分けられている。早い時期に女性特有とされたのは社会的に抑圧されていたことが大きい。

《用例》 しかし生来の烈しい気性のためか、この発作が――に変わって、泣き崩れて理性を失うというような所はなかった。（有島武郎『私の父と母』大正七年）

【変態心理】

［へんたいしんり］ 常態でない心理状態を云うのであるが、文明の進歩に比例して尖鋭化して行く人間の趣味嗜好は、殆ど病的で、どこまでが常態であり、どこからが常態で無いか分からなくなってしまった。特に変態性欲心理の如きはそうである

が、むつかしいことは心理学者に委せて置いて、次項の変態性欲を参照されたい。⑫

㊫大正時代に始まる「変態」ブームのきっかけは、ドイツ、オーストリアの精神医学博士リヒャルト・フォン・クラフト＝エビング（一八四〇～一九〇二）が著書『Psychopathia Sexualis』を出版したことによるもので、同性愛、淫乱症、精神障害、ヒステリー（155頁）などが紹介された（ただし明治二七〈一八九四〉年の邦訳『色情狂編』〈法医学会、春陽堂〉は発禁になっており、大正二〈一九一三〉年に出版された黒澤《くろさわ》良臣《よしたみ》訳『変態性慾心理』〈大日本文明協会事務所〉の功績が大きい）。「変態心理」という言葉は心理学者の福来《ふくらい》友吉《ともきち》が明治三九（一九〇六）年から東京帝国大学で行った講義「変態心理学」に早くも登場している。異常心理学ともいい、催眠や人格変換など常態と異なった心理を指す。犯罪心理学や精神病理学、心霊学、精神療法学を含む、未分化な学問だった。大正六（一九一七）年、心理学者の中村《なかむら》古《こ》峡《きょう》が雑誌『変態心理』を創刊。その理念は、精神医学の確立と普及、迷信や新興宗教など非科学的な思想の根絶だった。しかし、古峡の経済的困窮や、「迷信勦絶《そうぜつ》」の挫折、医者を目指したことなどを理由に、一〇年後に廃刊した。なお、「変態」ブームは昭和一一（一九三六）年頃には廃れてしまい、猟奇やエログロに人々の関心が移っていった。

《用例》探偵小説と貼紙をした古屑籠の蓋を取ってみると、怪奇、冒険、ユーモア、ナンセンス、——といったような読物の妖怪変化が、ウジャウジャと押し合いへし合いながら巣喰っている。（夢野久作『探偵小説の正体』昭和一〇年）

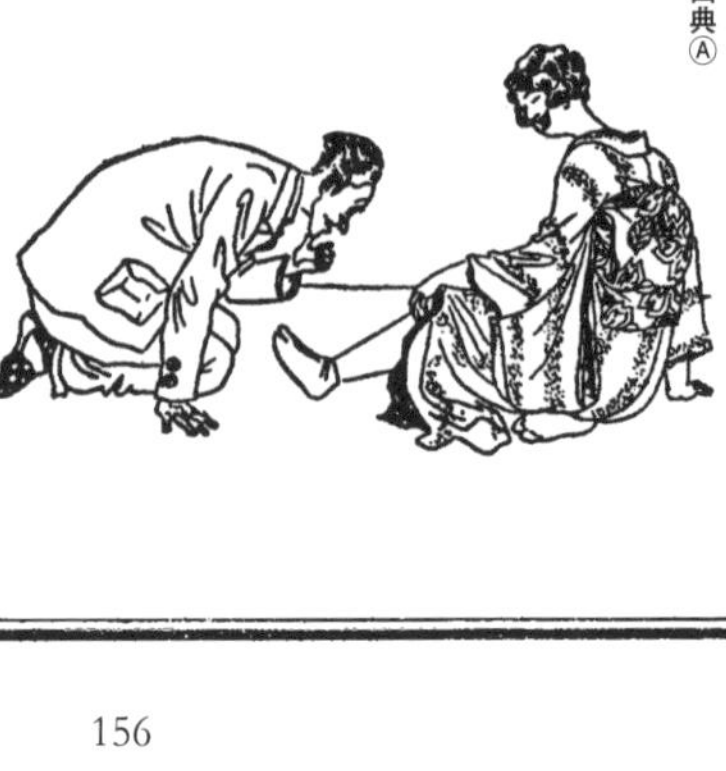

図版出典Ⓐ

【変態性欲】

［へんたいせいよく］　**変態心理に伴って起る性欲上の病態をいうので、其《そ》の定義は各人各説である如く、常態と病態の境も模糊としている。**

「男女の交会以外の、生殖的意義のない方法で性的快感を味《あじわ》う精神傾向を言う」とあるが、これではお立会の諸君、悉《ことごと》く御多分に漏れぬ筈である。同性愛、オナニズム、マゾキズム、サディズム等皆これに属する。カフェのウェイトレスに抓《つね》られた青痣をのろける奴はマゾキズムの卵で、失敬して来た彼女のハンカチーフを秘蔵してニヤニヤしている中学生は、将来腰巻盗賊の見込確実、海水浴場の脱衣場覗きは既に出歯亀の域に達した変態の膏肓患者である。モダン語で「いやな奴キット変態ね」等と使う場合は、手を握ったりされた時の「イケ好かない奴」程度の意味である。⑫

(解) 現代で「変態」というと、ほぼ「変態性欲」を指すのではないだろうか。今と違う点は、生殖に結びつかない性行為はすべて変態性欲とされていたことだ。なお、『変態性欲』と題する雑誌も大正一一（一九二二）年に創刊されている。編集・執筆は医学者の田中香涯《たなかこうがい》で『変態心理』の中村古峡が協力。しかし、あえなく四年後に廃刊した。語釈はその「変態」ブームから約二〇年経つが、「イケ好かない奴」程度の軽い意味に変化しているのが興味深い。

《用例》また「D坂の殺人事件」に於て、——者を二人まで出して、紛糾した事件を片付けたのは、よく云えば利口であり悪く云えば狡猾である。（国枝史郎『日本探偵小説界寸評』大正一四年）

【ホーム・シック】

［ほーむ・しっく］（英 Home-sick）ホームスィックネスの略で、一名ノスタルヂアとも云い「懐郷病」と訳す。お医者様でも草津の湯でも治らぬ病である。外見は「恋病い」と酷似しているから一寸区別を附けにくいが、何がなしに悲しくて元気がなく仕事も手に附かない所を見ると、精神病の一種かも知れない。診断の正確を期するためには、笈を負うて遊学している者か否か、郷里に彼または彼女を愛する何物かが存在するや否やを、調べて見る必要がある。海外に在って此病に冒されている者は、多く妻に離れた性的孤独が、其の病源をなしている。これには然るべき肉弾を持薬に用いさせると奇妙に特効がある。⑫

(解) なぜこれがモダン語なのかといえば、ホームシックは当然ながらホーム（故郷）から離れなければ起らない。交通網や情報が発達し、旅行や移住が大衆化されたことで初めて人口に膾炙《かいしゃ》する心理となる。その意味で、立派なモダン語である。

病気の流行

「悩める近代人」というイメージがある。

その象徴として語られるのは、明治三六（一九〇三）年に「万有の真相は唯だ一言にして悉《つく》す、曰く、『不可解』」と書き残して華厳の滝に投身自殺した一高生の藤村操《ふじむらみさお》であったり、大正三（一九一四）年に発表された「我執」と倫理観との葛藤をテーマとした夏目漱石の小説『こころ』であったり、昭和二（一九二七）年に「僕の将来に対する唯ぼんやりした不安」と遺して自殺した芥川龍之介であったりするかもしれない。

近代は、まさに心身の発見の時代といっても過言ではない。

明治七（一八七四）年、「医制」が定められ西洋医学が移入された。病院、看護士制度が始まり、医学校が創立され、医師と病院が増えて一般大衆にも衛生や健康への観念が広がった。それまで座敷牢などに軟禁されていた感染病（性病、ハンセン病、結核など）や精神病の患者は隔離施設に移された。健康増進は富国強兵に連なる国策であったため、異常は忌避されたともいえる。

同時に、明治中期ごろから西洋の自然科学や心理学、精神医学が流入し、生物進化論、遺伝学、優生学、性科学、犯罪心理学などに注目が集まった。また、同じ頃に催眠術ブームが起るが、明治四一（一九〇八）年の新刑法で民間宗教者の治病行為に罰則規定が設けられると「霊術」と名を変えて興隆した。これは「脳」や「精神」などの医学的見地からは説明のつかない潜在意識の領域を補完するものとして存在意義を発揮し、睡眠心理学と禅や密教が結びついた教義を説き、心霊治療法を行った。

流行語を見てもわかる通り、近代はインフラやメディアが急速に発展し、環境が激変した時代である。混乱、煩悶、将来への悲観は自然な反応に思える。が、それらは急速に病名がつき、分類される。むしろ、煩悶があることが近代人の証という逆転現象が起りさえしたのである。

社會

欧州では戦乱があり、
東京では震災が、ロシアでは革命があった。
歴史が転換する世の中でも、
大衆はシンプルライフに憧れ、
心中事件を噂するのであります。

仰附葉書

［おおせつけはがき］

代議士などの挨拶状をひやかした言葉である。議会開会と同時に、代議士は東京に来る。そして揃いも揃って、皆紋切型の挨拶状を郷里の人達に出す。曰く「私儀今期議会の招集に応じ上京仕《つかまつ》り目下表記の処に仮寓致居候間、相当御用も有之候わば御遠慮なく御仰附下され度……」云々。⑥

㊫ 右は大正一四（一九二五）年の話。この年制定された選挙運動規則では政治家が有権者に配る文書に厳しい制限はない。戦後は自筆の答礼以外、**挨拶状は一切禁止**である。

学費稼芸者

［がくひかせぎげいしゃ］

目的のためには手段を選ばず、学費を得て勉強するために一時芸者になろうというのである。新時代の珍奇な現象の一である。⑪

㊫ 学費のために**キャバ嬢になる学生の話は耳にするが、芸者でも可能**らしい。本来芸者は十代で置屋に所属し、芸の稽古をしつつ座敷で経験を積み、一人前になったところで晴れて名乗れる。が、例ば向島花柳界では**かもめ**という独自の制度があり、週三日くらいアルバイトできるらしい。あくまで芸者の修業期間だという前提だという。

社会語

幻滅の悲哀

［げんめつのひぁい］

美しい空想を頼みとした理想が跡方もなく消えるかなしみなげき。⑮

㊫「〈熟語〉の〈熟語〉」という流行語は**高遠の理想**（24頁参照）のように大仰で滑稽味がある。流行語『訂正増補 新らしい言葉の字引き』（実業之日本社、大正八年）には他に**科学の破産**（哲学的問題などに対し科学は無力の意）、**驚異の復活**（自然や人間の生命力にも驚異があるという視点の復活の意）、**勝利の扮装**（イギリスにて戦時公債や寄付を募る際、人目を引くために夜に電気が点く帽子を被るなどする、その恰好を指す）などがあった。

面皰連

［にきびれん］

青春期即《すなわ》ち性欲の発生し始める頃より顔にニキビが生ずる所から青春期の若者を云う。又堕落した青年、或は詩歌小説好きの青年をもいう。⑭

㊧解 考えてみれば、ニキビというのも不思議な名前ではある。語源は「丹《に》（赤い）黍《きび》」「和《にく》（肉）黍《きび》」ともいわれ、平安中期の辞書『和《わ》名類聚抄《みょうるいじゅしょう》』には**邇《に》岐《き》美《み》**という項目がある。長い歴史があるだけに治療法も多く、漢方や一酸化鉛を母乳で溶くなど時代によってさまざま。また、明治一八（一八八五）年に発売された桃谷順天館《ももたにじゅんてんかん》の「にきびとり美顔水」は今も現役で売られている。

まからずや

［まからずや］

広告に於て、人の注意を引く為めに奇抜という事が重ぜられて以来現れた商店の屋号である。何んでも品物の値段は一切まからずという処を標榜した屋号である。⑪

㊫ 今も昔も商人は**珍奇な方法で目立とうとする**が、値引きしないことを売りにするとはアイディアである。現在でも同名の店はいくつか現存しており、鹿児島市内にある花屋は大正四（一九一五）年創業。大正八（一九一九）年発行の辞書に掲載されたこの語はこの店のことか、それとも当時流行った店名だろうか。

モダン・ジイ

［もだん・じい］

当世風な翁《じい》さんのこと。不良老年。相当の年配であり乍《なが》ら年にも恥じずカフェー等の女給を追いかけ廻してふざけ歩く老翁。③

㊧解 モダンガール、モダンボーイならぬモダン翁とは。年甲斐もなくセラパンでキメていたのだろうか。ほかに、**モジ・モマ**という言い方もあったらしい（モダーン不良老年、モマは不良夫人の意。斉藤義一『超モダン用語辞典』〈中村書店、昭和六年より〉）このモジ、仮に六〇代とすれば明治初年辺りの生まれである。**明治男の柔軟さ**をむしろ見習いたい。

【亜米利加後家】

［あめりかごけ］ **亭主が出稼ぎの為め渡米し、跡に残されたる妻君をいう。彼等は夫よりの送金に依って比較的裕福な、勝手な生活を為《な》す。**⑭

(解) 機械化が進み、社会システムが大幅に変わった明治以降、農村部では人余りとなり、ハワイやアメリカへの労働者渡航が流行した。政府やジャーナリストも殖民事業を煽ったが、急速に増えた日本人に脅威を抱いた北米では排日運動が高まり、差別も酷かった。送金された生活費で気楽な生活をする妻子は夫の苦労を知らないという皮肉な流行語である。なお、独身男性が結婚する場合、日本から女性の写真を送ってもらって結婚を決め、花嫁を渡航させる方法をとることが多く、「写真花嫁」という流行語も生まれた。

【ウクライナ芸妓】

［うくらいなげいぎ］ **東京粋人社会近来の流行語、近いうちに俺が落籍《ひか》せてやるという洒落。**④

(解) 請け出す、の洒落でウクライナ（受くわいな?）。ウクライナはこの辞書が発行される二年前の一九二二年にソビエト連邦に構成されたので、ホットなワードだった。

【衛生的美人】

［えいせいてきびじん］ **醜婦を遠慮して衛生的美人という。顔は悪いが、体が丈夫という意味だろう。生理的美人ともいう。**④

(解) 「シャン」の項目（71頁参照）で見た「エイシャン」こと「衛生的美人」。いくら「衛生的」「生理的」と言われても不細工を美人というのは強烈な嫌みだ。しかし「生理的」という表現、昨今では「生理的に受け付けない」のように、具体的に表現できない「感覚的」「本能的」のニュアンスで用いられることが多いが、当時の「生理的」は生理学から来た「生物学的」「動物として」といった意味で使われている。

【絵葉書屋】

［えはがきや］ **警視庁にて私娼撲滅を励行するや、従来の銘酒店なる浅草の私娼窟は、造花屋と変じて盛んに風俗を壊乱す。然るに之れも亦《また》其《そ》の筋の探知する所となり、何《いず》れも絵葉書屋と変じつつあり。**⑭

(解) 一般的な商売を隠れ蓑にして売春を行う店は、江戸から明治中期くらいまであった「矢場（楊弓《ようきゅう》場《ば》。的を矢で射る遊技場）」が有名だが、明治から大正時代にかけては「銘酒屋」（飲み屋）、「新聞縦覧所」

（新聞販売店が少なかった頃に多数の新聞を取り揃えて牛乳や菓子を並べた店）が登場。さらに造花屋、絵葉書屋などに広がったということらしい。絵葉書は明治三三（一九〇〇）年に私製が認められて以降、大流行した。

【オブザー婆ア】

［おぶざーばあ］ 家庭の円満を傷つける八ケ間《やかま》しい老婆のこと。⑮

図版出典Ⓐ

(解) この老婆が赤の他人か姑かでストレスの度合いが違ってきそうだが、年寄りが疎まれるのは昔も今も変わらない。寂しい話だ。

【解放】

［かいほう］ 昔時の奴隷解放より来る。あらゆる束縛羈絆《きはん》から、因習や道徳から脱出すること。「婦人解放」などというのは、今日の婦人は旧習慣旧道徳に囚われ、酒を飲むことを得ず、煙草を喫すること能わず、殊《こと》に女の生命とする恋愛の自由すらなし。これ等のものより婦人を解放し、自由ならしめ大胆ならしめるということ。⑭

(解) これぞまさに大正デモクラシーを象徴する言葉である。婦人、娼妓、労働者、被差別民、子供など、あらゆる社会的弱者が束縛から解き放たれ、個々の人権を確立して自立し、権利を行使できる世の中になることこそ民主主義の理想だった。それから一〇〇年、果たしてどれほど解放されただろうか。

《用例》 実に、児童等をして、交通危害に関する恐怖より、一時なりとも――することは、彼等の身心の発達上に及ぼす影響こそ真に大でなければならぬ。（小川未明『児童の解放擁護』昭和五年）

【カネリ・プルネリ】

［かねり・ぷるねり］（伊 Caneli pluneri）此の言葉の入っていないモダン語辞典は、モダン語辞典たるの価値がない、と云われる程のモダン語で、「何が何だか分からないのよ」が自分の心を云ったものであるのに対し、これは他人のやっている事で、一体どう解釈して善いのか分らない場合に使用されるのだ。「あ

の男、女房を寝取った下宿人と仲善く暮らしてるそうだね」「ウム、そんな話だ。全くカネリ・プルネリだな」と云った工合である。カネリもプルネリも共に墓地発掘の現行犯として留置場へブチ込まれた男の女房だと称して本人引取のため警察へ押寄せた伊太利婦人の名前だ。引取人が二人なので持てあまし、遂に裁判沙汰にまでなったが、肝心の本人が過去の記憶を失っているため埒明かず、一時保養と称してカネリ夫人の別荘へ引取られたが、プルネリの勝利と云う判決が下った時には、カネリ夫人が男の胤《たね》を宿してインハラベビーになっていたとは益々もってカネリ・プルネリな話だ。⑫

(解) この言葉が入っていない辞典はモダン語辞典の価値がないとまで言い切っているが、この言葉を使った資料も事件に関する資料もほとんど見当たらない。これぞ瞬間風速の大きい流行語辞典の真骨頂というところか。熱を入れた説明のおかげで事件の概要はなんとなくわかるのだが……。

【鎌子式】

［かまこしき］ 芳川伯爵夫人鎌子が、自家自動車運転手と密通し、果ては鉄道心中を企てて一代の醜聞を流せしが、爾来《じらい》貴婦人の自家傭人《やといにん》と通ずるを鎌子式と云うに至れり。⑭

(解) 大正六（一九一七）年三月七日の午後六時五五分、千葉発本千葉駅行き房総鉄道（現ＪＲ外房線）が県立女子師範学校（現千葉市中央区富士見四丁目）側を走行中、心中を図った。女性は芳川寛治《よしかわひろはる》伯爵の夫人鎌子、男性は芳川家のお抱え運転手倉持陸助。鎌子は重傷を負い、陸助は軽症だったがその場で短刀で喉を突き、陸助のみ死亡した。不倫であること、身分違いであること、心中であることなどから世間は蜂の巣をつついたような騒ぎになった。俗に「千葉心中」とよばれ、流行歌も生まれた。この後も、哲学者野村隈《のむらわい》畔《はん》と聴講生の女性（大正一〇〈一九二一〉年）、作家有島武郎と編集者波多野秋子（大正一二〈一九二三〉年）などの心中事件が続き、「大正

図版出典Ⓐ

社会語

は情死の時代」といわれる所以《ゆえん》になった。なお、離婚後の鎌子は再び別の元お抱え運転手と出奔、父、芳川顕正が死んだ翌年の大正一〇（一九二一）年に病死した。

【川越チャブ】

［かわごえちゃぶ］ **三食の代りに芋を以ってするをいう。労働者間の専用語。**⑭

(解) この辞書の「チャブヤ」の項を見るとチャブの語源は中国語の「Cho-bu」から来ているとあるが、英語の肉料理屋を意味する「chop house」説、アメリカ式中華料理の「チャプスイ」（広東語の chop suey より）説もある。「チャブヤ」の意味は「港湾町の小料理等、売春、賭博屋等を云う」。いずれにしても港町らしく外国語由来であることは確かのようだ。川越は今でもサツマイモの栽培が盛んである。

【簡易生活】

［かんいせいかつ］ **ワグナーのシンプルライフより起る。質素にして単純なる生活を営むこと。**⑭

(解) シャルル・ワグネル（一八五二〜一九一八）は牧師で著述家。一八九五年、本国フランスで出版した『La vie simple』がベストセラーとなり、ヨーロッパ各国で訳されたほか、アメリカでは『The Simple Life』の名で大ヒットした。日本では明治三八（一九〇五）年に中村《なかむら》嘉寿《かじゅ》訳で『単純生活』として出て以降、二十年間に六社から出ているほか、ワグネルの他の著書も十冊以上訳出されている。さてワグネル言うところの簡易生活は、人間関係、経済、言葉、教育などあらゆる面で簡素に単純に暮すことを指し、社会の複雑化に疲弊していた本邦のセダン人士の心を掴み、簡易（単純）生活ブームが起った。なお、影響を受けたと思われる出版物に、西村文則『簡易生活法』（大日本図書、大正五年）、田尻稲次郎『簡易生活』（文武堂、大正六年）、秋山悟庵『禅の簡易生活』（中央書院、大正四年）などのほか新聞記者の上司《かみつかさ》小剣《しょうけん》らが発行した雑誌『簡易生活』（簡易生活社、明治三九〜四〇年）がある。

《用例》 しかし生活改善、——等の流行語と、実際的な必要とから洋服通勤諸子の家庭について、パンという物は決して洒落や見得ではなくなって来た。（岸田《きしだ》劉生《りゅうせい》「新古細句《しんこざいく》銀座通《れんがのみちすじ》」昭和二年）

【驚死】

［きょうし］ **ジャーナリズム（其項参照）方面の流行語。驚天動地とい**

う時の形容語。國民新聞が例の山憲事件の時に「驚死すべき空前の大事件」と云う見出しをつけた頃から流行りだした語。⑥

㊙解 驚天動地と同義というが、驚死は生命に関わるのだから穏やかではない。大げさな表現なのだろうが、実際にショック死という死因もあるのだからややこしい表現だ。「山憲事件」とは、別名「鈴弁殺し」ともよばれる大正八（一九一九）年に発覚したバラバラ殺人事件のこと。トランクに詰められ信濃川下流に浮いていた遺体は豪商鈴木商会の店主鈴木弁蔵だった。弁蔵は米価の釣り上げを行っていた悪徳商店主だったが、政府が決めた公定価格で売る代わりに損失を補填してもらえる指定商店を目指していた。そこに目をつけた農商務省の外米管理部山田憲が賄賂を持ちかけた揚げ句、その金を自身の借金の穴埋めに使ってしまった。その後、発覚を恐れた山田憲は同居人と共謀して弁蔵を殺し、トランクに詰めて遺棄した。山田は「（悪徳商人の成敗として）正義のために殺した」などと嘯《うそぶ》き、死刑となった。バラバラ殺人は日本初だったため人々の「猟奇」趣味を刺激し、話題になった。

《用例》三年前の彼女であれば、男の素裸を見て、――したかも知れないが、現在の彼女にとっては、大してその気持ちを引きたたせることでもなかった。（小熊秀雄《おぐまひでお》「泥鰌《どじょう》」昭和二年）

【サイレン・ラブ】

［さいれん・らぶ］ **ビルディングの男女が正午に十二時のサイレンを聴くと同時にお互の恋人を胸に浮べて黙祷を捧げるをいう。⑮**

図版出典Ⓐ

解 東京市内で正午にサイレンが鳴らされるようになったのは一九二九（昭和四）年五月一日からである。正確な時間は三鷹村（現三鷹市）にある東京天文台から中央電信局、芝公園にある東京市教育局へと伝達された。サイレンは一分間鳴り、終わるとちょうど正午だった。それまで正午といえば午砲《ドン》（空砲）であり、明治初年からの慣習が続いていたのだから、サイレンは新時代の感じがしただろう。

【式】

［しき］ **海老茶式、野依《のより》式などいう。山岸《やまぎし》荷葉《かよう》が、延喜《えんぎ》式よりもじりて、読売紙上に海老茶式という語を使用したるに始まる。**⑭

㊙解 類型を表わす表現として「式」のほかに「流」「系」「風」「派」「的」などがあるが、言うまでもなく語源はさまざまである。「流」は流派や流儀の流で、伝統芸能や古くから続く武道、宗教、酒造などで用いられ、一般に「流」は上位分類、「派」は下位分類とされる『大辞林第四版』（三省堂、二〇一九）。「系」は系統の系。「風」は「唐風（中国の様式、風俗）」辺りが語源か。平安中期の漢詩文集『本朝文粋《ほんちょうもんずい》』（藤原《ふじわらの》明衡《あきひら》撰）に見られる。そして「的」は実はモダン語で「英語の tic の訳」（『モダン流行語辞典』実業之日本社、昭和八年）とある。romantic などの tic という意味だろうが、あれは「-ic」、語源はラテン語で「～のような」の意味を持つ接尾語である。それにしても語源が平安中期の律令施行細目『延喜式』からきていたとは恐れ入る。

《用例》 そのときは二日酔いの薬というY君――の伝授で、社の猛者連中が宿酔《ふつかよい》に用いて霊顕あらたか、という効能がついていた。（坂口安吾『反スタイルの記』昭和二二年）

【自廃】

［じはい］ **自由廃業の略語である。廃娼運動は二十年も前から救世軍の手ではじめられ、殊に自廃を創《はじ》めたものである。大正十五年の春、春駒《はるこま》という吉原の娼妓が白蓮女史を頼って廓を逃げ出し、廃業の相談を持ちかけた事件はかなり世間の注意を惹いたが、その頃から一時無くなって居た自廃問題は再び表向きになって来た。警察や社会団体などを頼って自廃を願い出る娼妓は時々あっても、実際は契約金の問題や何や彼やで自由廃業は仲々実行することが出来ない。**⑨

㊙解 娼妓の自由廃業のきっかけが明治五（一八七二）年のペルー船マリア・ルス号事件ということは学校で習うのでここでは割愛する。この年、明治政府が「娼妓解放令（人身売買禁止令）」を出したが、「遊女屋」の名を「貸座敷」と改めて娼妓に場所を貸しているだけという建前の法律で、以降、明治二二（一八八九）年まで四回改定したものの事態は変わらなかった。が、明治三二（一八九九）年一一月、名古屋の遊廓で佐藤ふでという娼妓が訴訟を起こして勝利、翌年五月に藤原さとが宣教師や

マスコミを巻き込んで訴訟し自由の身になった。この頃から、救世軍や婦人矯風会らが廃娼運動に力を入れはじめ、政府は自由廃業を認める「娼妓取締規則」を提出した。以降、この流れが全国に波及、毎年数百人単位で自由廃業者が出た。

【止揚】

［しよう］「揚棄」とも云う。独逸語のアウフヘーベンの訳語である。説明はアウフヘーベンの項を見てください。⑫

解 「アウフヘーベン」はヘーゲル哲学の用語で、対立する二項を否定などを通じてより高次な次元に引き揚げることをいう。東京都知事が平成二九（二〇一七）年に新党を立ち上げた際、「今までの議論をアウフヘーベンして」と言って話題になったことは記憶に新しい。学生運動華やかなりし一九七〇年前後に大学生だった人々にとってマルクス主義やヘーゲル哲学は基礎教養だった。しかしもとを辿れば、明治初年頃に西周《にしあまね》やフェノロサがヘーゲル哲学を日本に紹介し、一高生らが使い始めたのである。なお、モダン語としては「S子との関係をすでに止揚した」と紹介する辞典もある。高次元にまで高められた、の意味か。

【随喜】

［ずいき］訳もなく有り難がることにして「随喜の涙をこぼしている」などとは寧《むし》ろ悪口なり。⑭

解 「随喜」は仏教用語で「他人の善業に対し、ともに喜び従うこと」（『講談社カラー版日本語大辞典』一九八九年）とある。なお、「随喜の涙」の語源は、平安後期の貴族間の文例集で藤原明衡《ふじわらのあきひら》が書いたとされる『明衡往来』のなかの「満座之人揮随喜之涙」に由来する（『精選版 日本国語大辞典』小学館、二〇〇二年）という。また、ずいきは「芋茎（芋苗）」とも書き、八頭や蓮芋の茎の皮を剥いて乾燥させた芋がらを指す。煮たり和えたりして食べる。この食材、実は性具としても用いられ「肥後ずいき」と称された。つまり、「随喜の涙」にはエロい意

図版出典Ⓑ

味もある。そう考えると訳もなくありがたがるという尖端語の「随喜」は一層滑稽である。

《用例》 安月給取りの妻君、裏長屋のおかみさんが、此《こ》の世にありもしない様な、通俗小説の伯爵夫人の生活に胸をおどらし、——して読んでいるのを見ると、悲惨な気がする。おかしくもある。（芥川龍之介『拊掌談』大正一五年）

【とんぼりガール】

［とんぼりがーる］ **大阪道頓堀を中心としたカフェーの女給ダンサー、不良少女、モダンガール等の総称。**⑮

㊫ 村嶋歸之《むらしまよりゆき》『カフェー考現学』（日日書房、昭和六年）には、東京の「カフェー王国の首都」は銀座だが、大阪のそれは道頓堀界隈（千日前、心斎橋筋、戎橋《えびすばし》筋、五花街）とあり、昭和四（一九二九）年の道頓堀のカフェー数は一　六九軒、五年は一六〇軒だが、女給数は一二六四人から一八五五人と増加している。これは大資本のカフェーが増えたからで「赤玉」「ユニオン」は二〇〇名以上の女給を擁していた。大阪式サービスは露骨で（「キッス進呈券」配布、客の膝に座る、太ももにサインをねだるなど、とんぼりガールは実に大胆なのだ）関東大震災以降、東京にも進出した。また、昭和三（一九二八）年に女優岡田嘉子《おかだよしこ》の一座が演じた「道頓堀行進曲」の主題歌が大ヒットし、道頓堀の名を一層広めた。

【何番学校】

［なんばんがっこう］ **電話交換所の代名詞として三面記事などに用いられている。「モシモシ何番」という所からかく名づけられるに至ったのであろう。然し又、若い婦人交換手は一種の見えを張る処《ところ》から、出勤する際努めて女学生風を装うので、それを冷笑する意味で、こういう名称が与えられるようになった。**④

㊫ 職業婦人が増え丸ビルやデパートに勤めることがモダンな女性の代名詞だったが、電話交換手より女学生の方がプライオリティーが高かったのだろうか。実家の裕福さの点か、若さの点か、派手さの点かわからないが、いずれにしても冷笑するとは意地が悪い。ちなみに当時は電話をかけると交換手が出て客の伝える電話番号を手動で繋いでいたが、一九五〇年代半ばから徐々に自動に変わって行った。今や自動が普通だが、一〇〇番にかけるとオペレーターが繋いでくれるサービスは平成二七年七月まで続いていたらしい。七〇年代頃まで通称「一〇〇番

通《とお》し」といって通話後に料金を知りたいときに使用していたという。

【ハガキ運動】

［はがきうんどう］　何に依らず或る提案の実施運動を行う際、有志の人々が毎日何枚でも構わない、衆議院議長又は首相宛で自分達の意志の存する処、実施の急務を書いたハガキを送る一種の運動。近頃普通選挙法実施運動の一として行われているという事である。⑪

㊕ 署名運動のようにも見えるが、同じ人が何枚も書いたり、用例のように無記名でもいいらしいので投書に近いか。現代では政党や内閣府のサイトに「ご意見・ご感想」というフォームがあるが、インターネットのない時代にダイレクトに簡単に無記名で意見を伝えるにはハガキが一番なのだろう。それにしても同意見のハガキが大量に来たらかなりのプレッシャーを与えることができそうだ。

《用例》或《ある》学校で学生間に教頭排斥が起って、既にストライキをやろうとしたのだが、ストライキでは犠牲を出す恐れがあると云うので、――という事を誰かが思いついて、有志の学生は毎日一枚ずつ教頭に宛てて辞職勧告の葉書を出そうと云う事に申し合せた。（堺利彦「ハガキ運動」昭和三年）

【罰金葉書】

［ばっきんはがき］　大正十二年九月一日の関東震災後、応急的に発行された小型の官製葉書で、表面三分の一のところに画《かく》線を引いた下部に「此《こ》の欄には宛所のみかくこと」と不明瞭な指定があり、それは上三分の二には受信人の住所・姓名及び日附・下三分の一には受信人の住所・姓名並《ならび》に通信文を記入すべしとの意味であったが、旧慣に泥《なず》んで、上三分の二の左側に受信人の住所姓名を記入したものが多く、これを一一《いちいち》規則違反として二銭宛罰金を取ったところから、皮肉に罰金葉書と呼んだのである「この下には差出人の住所・姓名及び通信を書くこととでもすればよかった。或る皮肉屋が「宛所のみ」に拘泥して、表面に「逓信《ていしん》省内」とのみ認め、裏面一杯に、時の逓相「犬養毅殿」と書いて出したのが一つ話になっている。⑥

㊕ 確認したところ「此の欄には」ではなく「上の欄には」で、上三分の二には宛先の住所、氏名だけを書き、下三分の一に差出人（注・語釈の「受信人」は間違い）の住所や通信文を書くべきところ、上に差出人住所などを書く者が続出、書状と見な

され追加料金を徴収されたらしい。非常時は小さな誤解が大きな混乱を招く。関東大震災の話は昭和まで「歴史」だったが平成で大きな震災を経験した今は身にしみて感じる。

【ハンドバック・ボーイ】

［はんどばっく・ぼーい］ 不良マダムなど散歩の時にお伴《とも》をさする美男の不良青年をいう。⑮

(解) 「不良マダム」の定義を見てみると「若い男と銀座へ行ったり、音楽会へのしたりで、亭主知らぬばかりと云うようなものでもあるまいが、一寸、浮気があって、色っぽくて、亭主の所へその男を紹介して『あら怒っていらっしゃるの？』てなことを云えるマダムなのである」（『恋愛モダン語隠語辞典』〈堀江書房、昭和二一年〉）とある。女性の権利が拡張した時代、若い男子を連れ歩いて何が悪いというわけだ。

《用例》 つまり吾輩はこの、日《ひ》野《の》亜《あ》黎《り》子《こ》という金持の未亡人に買取られて、郊外の別荘に匿《かく》まわれて、その未亡人の――（原表記：ハンドバッグボーイ）にまで出世したもんだ。（夢野久作『超人鬚野博士』昭和一〇年）

【ビル子】

［びるこ］ ビルディング内の商店に通う女事務員。③

図版出典Ⓐ

(解) ビルに勤めるだけで都会的でお洒落だった時代、個人商店や工場勤務なんて恥ずかしくて言えないわ、という雰囲気だったのだろう。今やビルより古民家を改造したカフェなどの方がお洒落だったりする。

【満妻】

［まんさい］ 満州に在る一種の妾業者。一時的に内地より来りたるものの妻妾となり其《そ》の男に妻子ありて其の渡満するに遇えば、若《も》しくは其の帰国の事に会すれば、之《こ》れを埠頭に送りてサヨナラを交換し、また他の男と同棲するものなり。⑭

(解) 同じような言葉に朝鮮半島における「鮮妻」、台湾における「湾妻」、南洋における「南洋奥様」がある。説明に「妾業」とあるが、彼女たちも男性と同じく日本から出稼ぎの目的で渡り、現地で出会って一時的に同棲に至っただけのことで、夫の不在中に消える「妻」もいるという。お互いにとってアバンチュールと言えるかもしれない。

《用例》蓄妾もまた、勝誇った田舎侍が分捕物《ぶんどりもの》の一つとして扱ったから、昔の江戸の武家のお部屋や町家の囲女《かこいめ》の情緒はまるで失くなって、丁度今の殖民地の「湾妻」や「――」を持つような気分になってしまった。（内田魯庵《うちだろあん》『淡島椿岳《あわしまちんがく》――過渡期の文化が産出した画界のハイブリッド――』大正五年）

【モダン信号】

［もだんしんごう］（「ポーズサイン」ともいう）美しい姿態で語る無言の会話。其信号の方法は大体次のようである。

（イ）両手を首の後（えり首）に組んでにこやかに笑う、これが「イエス」「よろしい」「いいわ」、等の意である。

（ロ）「スカート」を相当にまくり上げるこれがホテルへ行きませんかの意。

（ハ）時間の信号は右手を短針左手を長針にして顔を右へ向けたら午後、左へ向けたら午前のこと、つまり左手を垂直に垂れ右手を直角に横に挙げ、首を右に曲げれば「午後九時半」ということ。

（ニ）「スカート」をちょっとまくる真似、これは大丈夫よという意味。⑮

(解) このような「信号」が実在したかは知らない。大方、円タク・ガールやキッス・ガールのような都市伝説だろうが、魔都東京のイメージに一役買っている。

【やとな】

［やとな］「雇仲居」の略称で、客の需《もと》めに応じ、好みの風姿をして客席に侍り、又外出のお伴もしようと云う女のこと。尚それを供給周旋するところを、「やとな倶楽部」という。一時東京にも広がりかかったが、警察の干渉が煩《うる》さいので自然消滅に帰し、今では関西が独り舞台の観がある。⑫

(解) 京阪地方で始まった臨時雇いの仲居のことで、料理屋や待合などで配膳、片付け、接客からときには春をひさぐこともあったという。一般的な芸者や娼妓は借金をさせられて置屋に縛られるが、やとなはその日限りのため後腐れもなく花代の取り分も半分貰えた。キャバ嬢の単発バイトのようなものだろう。

《用例》柳吉に働きがないから、自然蝶子が稼ぐ順序で、さて二度の勤めに出る気もないとすれば、結局稼

ぐ道は――（原表記：ヤトナ）芸者と相場が決っていた。（織田作之助『夫婦善哉』昭和一五年）

【淪落の女】

［りんらくのおんな］ 奈落の底に落ちた女。例えば十二階下の女、高等内侍などを云う。松崎天民《まつざきてんみん》氏の「淪落の女」が発表されてより一般に用いらる。⑭

㊖「淪落」とは落ちぶれ堕落することだが、言葉の登場は古く平安中期頃の漢詩集『扶桑集』第七巻、五嘆吟のなかに「淪落忘帰寧孝道」として登場する（『精選版 日本国語大辞典』二〇〇六年、小学館）。なお、松崎天民の『淪落の女』（磯部甲陽堂、大正元年）は、下層生活を余儀なくされた女性たちを叙情的名文で描いて話題となり、以降「淪落」が流行語化した。ハリウッドのモダンガール女優ルイズ・ブルックスの映画『Diary of a Lost Girl』の邦題は『淪落の女の日記』とされた。

《用例》 やがて宵闇の中に包まれつくしたこの塔の姿は宛かも涙香文学中の怪塔のようで、かかる折の窓々の灯のいろは一としおロマンティックに濡れかがやいていた。ああ、松崎天民はそのころかの黒眼鏡の巨躯をば運んで、この塔下なる――たちに感傷の涙を濯いでいたことであろう。（正岡容《まさおかいるる》『異版 浅草灯籠《どうろう》』昭和二三年）

【ロマンスカー】

［ろまんすかー］（英 Romance-car） 郊外電車などには、二人づつ並んで腰のかけられるように座席が作ってある客車がある。此《こ》の場合、もしも並んで腰を下した二人が相愛の仲であったとしたら、窓外の風光を貪り眺めながら、何の気兼もなく相語ることが出来るし、よしんば見知らぬ男女でも、偶然の同席から恋が生まれることも珍らしくない。そこで此種の電車をロマンス・カーと云う。⑫

図版出典Ⓐ

㊖「ロマンスカー」というのが二人横並び席のある列車の一般的な呼称だったとは。席自体は「ロマンスシート」とよばれカノェーなどでも採用されていたという。しかし横並びに座っただけで恋愛に発展することが「珍しくない」とは驚く。

萬世橋驛の慘狀　（東京大震火災之實況）

現在の神田駅と御茶ノ水駅の間にあった万世橋駅が関東大震災で被災した様子。東京駅と同じ辰野金吾設計の赤煉瓦の駅舎だった。

隠語

隠語は「隠し言葉」とも言われる集団語。

犯罪者や不良少年少女の俗語も多い。

「アニキ、今日は『ハイダシ』ですか
『置差《おきさし》』にしますか」

「いや、今日は『キング・ポイント』だ」

赤犬をけし掛ける

［あかいぬをけしかける］

放火のこと。「紅を着ける」「温める」「灸をすえる」「赤猫を這わせる」「マムシ這し」等に同じ。㉘

㊫ ちょっと感心してしまうような詩的な表現である。炎が犬に見えるからという説があるが、語釈には赤猫やマムシともあり、さらには**赤馬**とする辞典もあって、特に犬に拘らないようだ。その他、放火を表す隠語として、『隠語構様式並に其語集』（警察協会大阪支部、昭和一〇年）には**あかはしらす**、『チョーフグレ』（文献研究会、昭和五年）には**お七**、**テラス**（照らす）とも言うとある。

馬

［うま］

遊女屋の附男のこと。即《すなわ》ち遊客の勘定が不足した時、客につけて寄来す男を馬又はつけ馬というのである。川柳に「向う見ず飛ばせた駕籠《かご》が馬になり」というのがある。今ならば「向う見ず飛ばせた自動車馬に化け」とでもいうべきところだ。㉙

㊫ 江戸時代、浅草雷門前で客待ちをしている**馬子が吉原遊廓まで客を運び**、帰りも送り届ける習慣があった。勘定が足りないと家の前で馬を繋いで待ったが、客が隣り近所に露見するのを嫌がるため、馬の代わりに店の者がついて行った。それで店の者が「馬」となった。

金茶湯

〔きんちゃぶ〕

不景気にて喰えないことにいう。金魚が水ばかり飲んでいることに喩えて云う。㉘

㊡ 大正九（一九二〇）年あたりの辞書には日雇い人夫や下層民の言葉とあり、水や茶のことを指すこともあるとしている。この辞書が出た昭和五（一九三〇）年といえば**昭和恐慌のど真ん中**。この年の失業者数は一三〇万とも二五〇万とも言われた。数がはっきりしないのは日雇いのような不完全就業者（半失業者）が多かったからという。サラリーマンであってもいつ転落してもおかしくない社会状況だったわけで、**金茶湯生活、明日は我が身**である。

コンビーフ

［こんびーふ］

ビルデングに勤務する腰弁連の事をいう。コンビーフのようにビルデングの中に一杯詰って居るから。㉙

㊎解 コーンビーフのコーン（corned）は粒状を意味し、粒状の粗塩で塩漬けにした牛肉を指す。イギリス海軍が糧食に採用したのがはじまりである。日本では明治二三（一八九〇）年から海軍の現品給与に用いられ、日清戦争終結後は払い下げ品となり人気が高まった。台形型の**「枕缶」は米リビー社の特許**で、日本人にも馴染みがあった。旧丸ビルの角の丸いビルに確かに似ている。

ねこ［ねこ］

芸者のこと。芸者の持つ三味線は多く猫の皮で作るところからいう。㉓

㊫ 芸者を猫と称するのは江戸時代からだが、一部では明治八（一八七五）年から「猫々奇聞」「猫洒落誌《ねこじゃらし》」などの花柳界ゴシップをものした仮《か》名垣魯文《ながきろぶん》発祥説、はたまた成島柳北《なるしまりゅうほく》発祥説もあるらしい。明治時代に流行った動物に見立てた呼称は、官吏を指して**鯰**《なまず》（鯰のような髭だから）、下級官吏を指して**泥鰌**《どじょう》（鯰より髭が短いから）、娼妓を指して**狐**（男性を迷わせるから）がある。都会には**いろんな動物が跋扈**《ばっこ》していたのだ。

ハイダシ

［はいだし］

金銭を強要することである。所《いわ》謂《ゆる》タカリである。タカリという言葉があまりに普遍的になったので新しく生れたのであろうが、実にユーモアに富んでいる。一寸《ちょっと》こんな風に使う。「かまわねェからハイダシかけちゃうじゃねェか」「おい、お前あの店へ行ってハイダシして来ナ」㉓

㊎ 語源は**這い出し**なのか**灰出し**（窯や暖炉などで灰を掻き出す際に使う器具）なのか。いずれにしてもタカリを「ユーモアに富んでいる」と言われても困る。

【アイス】

［あいす］（英 Ice）（般）高利貸のこと。英語のアイスクリーム（氷菓子）又はアイス（氷）より転化した語で高利貸又は高利の貸金をいう。㉘

(解) 高利貸しをアイス（クリーム）とよぶ用例は、尾崎紅葉のベストセラー小説『金色夜叉』（読売新聞、明治三〇年～三五年）がもっとも有名だが、アイスクリームが東京の飲食店に登場したのは、明治八（一八七五）年、麹町・開新堂が最初である。アイスクリームの存在が世間に知れ渡る明治二〇年代には高利貸しをアイスとよぶようになっていたと思われる。それにしても昭和五（一九三〇）年の辞書にも出ているとはなんとも息の長い言葉である。

《用例》金貸に苦しめられた川上が憤然として代議士の候補に立ったのは――（原文：高利貸《アイス》）退治と新派劇の保護を標榜したのであったが、東京市の有力な新聞紙――たしか『万朝《よろずちょう》報《ほう》』であった――の大反対にあって非なる形勢となってしまった。（長谷川時雨『マダム貞奴』大正九年）

図版出典Ⓐ

【あましゃり】

［あましゃり］　菓子類のことを云う。「シャリ」は食物のこと。甘い食い物の意である。㉘

(解) 「シャリは食物のこと」とあるが、お米（ご飯）からの転用だろう。今でも寿司屋では酢飯をシャリとよぶ。その由来は仏教から来ている。釈迦の遺骨「仏舎利」をインド全土に分骨した際、とても小さく白く、米粒のようだったためといわれ、「舎利」はサンスクリット語で遺骨、遺骸、身体を意味する「śarira」の音写であるから、サンスクリット語ともいえる。

【ありんす国】

［ありんすこく］　吉原遊郭のことをいう。ありんすことばを使用する遊女の居る里の意味から名づけたのである。川柳に「ありんす国化物の住むところ」というのがある。㉙

(解) 遊女が使う独特の言葉は、廓《くるわ》詞《ことば》、里詞《さとことば》、花魁詞《おいらんことば》とよばれるもので、日本各地から集められた女性たちの訛りが出ないように決められた統一の言葉遣いである。例えば「あります」を「ありんす」「りんす」と言い、変化は「ありんせん」「ありんしょう」とした。また、その他の語尾に「おす」「ざんす」「しいす」「なんし」などもあった。ありんす言葉を集めたものに、ジャーナリストの宮武外骨《みやたけがいこつ》『アリンス国辞彙』（半狂堂、昭和四年）がある。それによれば、この言葉は吉原の開祖である庄司甚右衛門の工夫ではなく、京都の島原（下京区にある花街の名称。寛永期から存在する）を真似したものだという。そもそも太夫《たゆう》（最上位の遊女）、局《つぼね》などの階級や禿《かむろ》（遊女見習い）、遣り手（遊女を監督する年配女性）などのシステムに至るまで、吉原は島原の模倣だった。吉原を「ありんす国」とよんだのは明和期の川柳作家たちで、外骨によれば、洒落本、滑稽本、黄表紙本などでは「ありんす国」の語は登場せず、あくまで柳句集のみだという。《用例》阿武隈大膳正《あぶくまだいぜんのしょう》もその数には漏れず、お金の方という凄いお部屋様を蓄えました。二十三という良い年増で、曽ては「――（原表記：ありんす国）」の水も呑んだ強《したた》か者。（野村胡堂『暴君の死』昭和二二年）

【打込み】

［うちこみ］附文《つけぶみ》のこと。不良少年の子女誘拐方法の一種、途上にて袖などに名刺、艶書《えんしょ》などを入れて誘惑すること。㉘

(解)大正から昭和にかけて盛り場や犯罪、下層民の生活をルポルタージュしたジャーナリスト村嶋歸之《むらしまよりゆき》の『何が彼を不良児にしたか』（家庭科学大系刊行会、昭和五年）では、この打込みを「ぶっこみ」としている。その内容は、盛り場で一人歩きをしている女子を尾行し（「追かけ」）、隙を見て用意していたラブレターを袂に投げ入れる。これには「憧るる君さまへ」などと書かれており、「若《も》し返しを賜らすば如何《いか》なる返報をするかも知れず」「君見捨て給わば我れに死あるのみ」と脅かして返事を促す。断りの手紙が来れば、手を替え品を替えてなんとか会う算段をつけ、関係を持ち、それをネタに家から金品を持ち出すよう脅迫するという手口らしい。かなり悪質である。

【艶歌】

［えんか］歌を唄うこと、「艶歌師」というのは、野天で流行歌などを唄いながらヴァイオリンをひき、歌本を売る香具師の一種で之を「カエン」又は「エンカ師」という。㉘

㊙解 正しくは演歌と書き、歌を演じるという意味がある。語源は壮士節時代（後述）に「自由演歌」と題したことによる。「艶歌」「演界屋」などはマスコミの誤記と、明治大正期の代表的な演歌師で研究家でもある添田《そえだ》啞蟬坊《あぜんぼう》は書く。その啞蟬坊には演歌の変遷について詳述した著書『流行歌・明治大正史』（春秋社、昭和八年）がある。曰く、明治一〇（一八七七）年頃は「くどき」「数え歌（ひとつとせ）」の読売形式（瓦版の時代からある、新聞を読みながら売るやり方）がおもで、二〇年代になると自由民権運動の思想を盛り込んだ「壮士節」が流行った。編み笠を被りステッキを持って苛烈な政府批判の歌を傲然と歌い続ける政治運動家の壮士と、拘引しようとする警察官、させまいとする聴衆で揉み合いになることも頻発したという。この頃の代表曲は「オッペケペー節」（川上音二郎）や「ダイナマイト節」（演歌壮士団）である。明治二〇年に久田鬼石《ひさだきせき》らが壮士をまとめ「青年倶楽部」を組織、歌本も一括で印刷し、演歌師らに卸した。三〇年代に入ると職業的になり、歌で生計を立てる者も増えたが、プライドは壮士のままで、廓《くるわ》などで投げ銭をされると物乞い扱いを受けたと感じて怒鳴り込んだという。四〇年代は立身出世を目指して全国から上京してきた書生たちがアルバイトとして歌うようになった。袴と学帽がトレードマークとなり、「書生節」と名も代わった。世間も苦学生に優しく歌本がよく売れたため、書生でなくともそのいでたちで街頭に立つ者もいた。明治四三（一九一〇）年頃から、ヴァイオリンを弾きながら歌う者（ヴァイオリン演歌）が現れた。この頃に流行したのは「天然の美」（唱歌「美しき天然」の別名）で、三九（一九〇六）年に起った猟奇事件にちなんだ替え歌「夜半の月」も歌われた。また、割のいい稼ぎのため、恐喝などを行う者が登場して演歌師の評判が悪くなったため、子どもを連れて滑稽な問答をしたりと演奏スタイルが変わってきた。大正初めには浪花節が流行、大正三〜五（一九一四〜一六）年頃から「カチューシャの唄」などの浅草オペラ曲なども歌われた。大正七（一九一八）年には優良な演歌師が「青年親交会」という組合を作って警察に陳情し、正式に「読売業」として認められる。大正八（一九一九）、九（一九二〇）年には女性の演歌師も出てきた。震災前後には小唄ブームが起り、「船頭小唄」がよく歌われた。昭和に入るとレコード歌謡が主流になり、演

歌師は廃業するか、「流し」として飲食店などで演奏して金をもらうようになっていった。

【えんこ】

［えんこ］　**公園。園公と逆に発音したもの。**⑤

解　明治六（一八七三）年に浅草寺境内に設けられた公園で、一一年後に一〜六まで区画されたが、なかでも興行街の六区は演劇館、映画（活動写真）館、オペラ常設館などが櫛比《しっぴ》、一大盛り場となった。なお音節をひっくり返す倒語の隠語はとても多い。お武家（警部）、がいね（願い、嘆願、願書）、ぎしゅ（主義、社会主義）、ぎさ（詐欺）、くいら（幾ら）、げんきょ（虚言、嘘）、ショバ（場所）などはその一例。

《用例》「共産党がそんなことを云うと、品なしだぜ。」と——（原表記：エンコ）（公園）に出ている不良がひやかした。（小林多喜二『独房』昭和六年）

図版出典Ⓐ

【閻魔】

［えんま］　**釘抜の類をいう。盗賊が門戸の施錠など破壊するに用ゆる器具のこと。**㉙

解　これはいわゆる「バールのようなもの」のことではないか。「バールのようなもの」とは、警察が捜査中の事件を報道関係者に発表する際、バール（釘抜き）に類する器具が事件に使用された痕跡はあるものの肝心の凶器が見つかっていないためにバールと断定できない場合に用いられる表現である。昭和初期からかれこれ百年ちかく犯罪に使用されているバールはよほど便利な凶器なのだろう。

【置差】

［おきさし］　**銀行、郵便局等にて客の引き出したる金銭を横合から掻攫《かっさら》って逃げる屋外盗の一種。「置引」のこと。**㉘

解　別名「タケダシ」。郵便局や銀行でやるときに、相手の注意を逸らすために話しかけたり、足を踏んだり、酷いときには着物の袂にマッチの燃えさしを放り込んだりすると、南霞濃《みなみかのう》『チョーフグレ』（文献研究会、昭和五年）にある。

【おまんじゅうになる】

［おまんじゅうになる］ **犯罪語にて殺害されることをいう。**㉙

(解) 語源を記した資料が見当たらなかったが、土を饅頭のように盛り上げる墓「土饅頭」になるという意味だろうか。人間の手足がなくなり、動かなくなってお饅頭のようになる姿を想起させる怖い隠語である。落語ではないが、饅頭怖い。

【角袖】

［かくそで］ **刑事巡査。私服を着ているところから出た名称。**㉓

(解) 隠語辞典である南霞濃《みなみかのう》『チョーフグレ』（文献研究会、昭和五年）によれば、刑事の隠語はほかに、ジケイ、カク、デカ、クリ、ヒネ、イタチ、マッポウ、ポリ、ガチャ、カラス、白狐、ナンキンムシ、ハヤブサ、イヌ、ウガイ、アヒル、オニ、クモ、ズキ、タント、エニイ、オダイシ、ダチウラ、カクヒゲ、グリス、ホースケ、モーソン、ヤバ、ベーシャン、オッサンなど大量にあるという。アウトローと警察には切っても切れない縁がある。

《用例》若《も》し彼が、以前の様に冷静であったなら、その若者の、顔は綺麗だが、いやに落ちつきのない目の光りだとか、異様にそわそわした様子だとか、それから又、見物の群衆に混って、若者の方を意味ありげに睨んでいる顔なじみの——の姿などに、気づいたでもあろうけれど、彼の心は、もっと外の物で充たされていたものだから、それどころではなく、ただもうねたましさと云い知れぬ淋しさで、胸が一杯なのだ。（江戸川乱歩『木馬は廻る』大正一五年）

【がせみつ】

［がせみつ］ **「ミツ」は「密」か。春画でもないものを、さも春画らしく薄暗闇などでコソコソと売る「ガセバイ」の一種。**㉘

(解) 「ガセ」は嘘、偽物、まやかしの意味で「ガセネタ（嘘の情報）」という言葉は新聞、週刊誌、テレビなどのメディアの世界や、一般的な会話でも使われている。「ガセ」の語源は「人騒がせ」から来たのではと、「語源由来辞典」（Look vise）の記述にはある。

【キング・ポイント】

［きんぐ・ぽいんと］ **玉の井の魔窟のことである。由来は斯《こ》うである。玉の井の玉という字を分解すれば王と（丶）になる。そこでキングにポイントであると云うのである。**㉓

解 玉の井は現在の墨田区東向島五丁目、六丁目、墨田三丁目あたりにあった私娼街である。地名としては大正一二（一九二三）年から昭和四〇（一九六五）年まで寺島町であり、「玉の井」は寺島村だった頃の字で、私娼窟で有名になった当時はただのよび名であった。作家の永井荷風はここを舞台にした小説『濹東綺《ぼくとうき》譚《たん》』のなかでその始まりを大正七、八年頃とし、浅草観音堂裏手に言問《こととい》通りが通る際に銘酒屋や楊弓場が追われ、伝法院の辺りにあった店も追われて大正通り（現いろは通り）に集まって来たが派手に客引きをするので警察に睨まれ、裏通りに引っ込んだとしている。震災後には浅草凌雲閣《りょううんかく》（浅草一二階）下の私娼たちも玉の井に集まった。業態はいわゆるチョンの間で、一階の窓や入り口に女性が立ち、話がつくと二階で接客した。昭和九（一九三四）年の雑誌『アサヒグラフ』には「怪屋五百件、三千人の鼠泣き（遊女が客を呼ぶときの声）の名手」とあり、昭和一〇（一九三五）年の警視庁衛生部の調査には店舗四七七戸、接客婦九一三名とある（日比恒明《ひびつねあき》『玉の井　色街の社会と暮らし』自由国民社、平成二二年）。その後、昭和二〇（一九四五）年に空襲で焼けたものの、いろは通りの北側は焼け残ったため、戦後に新玉の井（寺島町七丁目、現墨田三丁目）、鳩の街（寺島一丁目、現東向島一丁目）として再開し、昭和二三（一九四八）年の風俗営業等の規制及び業務の適正化等に関する法律（通称風営法）で赤線地帯に指定されてますます興隆を極めたが、昭和三一（一九五六）年の売春防止法で一掃された。それにしても「玉」は娼妓や芸妓を呼ぶときの「玉代」から転じて娼妓や芸妓を指す言葉であり、そこでは男性が「キング」になれるわけで、「玉の井」「キングポイント」とはよく感じの出ている名称ではある。

《用例》 それとなく私が匂わすと、その点は大丈夫、知合いの家があるからと、もう立って私の腕を引張った。その店の払いを私はカケに頼み、外に出た。おい、── （原表記：

図版出典Ⓐ

キングポイント）までデブ（五十銭）でやってくれイ。彼はそんな言葉で自動車を呼びとめた。（高見順『とつての友だち』昭和一一年）

【愚連隊】

［ぐれんたい］ **街上をうろつき廻る不良少年少女の一隊のことであるが、隠語ではむしろ勤人がまっ直帰宅せず途中遊んで帰る連中をさしていう。**㉓

㊪「愚連隊」は当て字で、「グレる」からきており、「グレる」は「はぐれる」「はぐれ者」から来ている。明治半ば頃から使われているが、現代でも暴力団に属さない不良集団を「半グレ」と言ったりするから息の長い言葉だ。しかしモダン語においては勤め人が帰宅中に寄り道をすることを言うらしい。今でいう「フラリーマン」か。これは社会心理学者渋谷昌三の命名である。

《用例》あんまり、うけやしませんが、何がさて私は、――になるだけの度胸はなく、そのくせ、――のハシクレに交らなくちゃア、私なんかの生きて行かれる御時世じゃアないじゃありませんか。（坂口安吾『日《にち》月様《げつさま》』昭和二四年）

【系図屋】

［けいずや］ **故買商、贓品《ぞうひん》、贓物等の事情を知り乍《なが》ら之《これ》を売買する者をいう。「ヅヤ」に同じ。**㉘

㊪贓品、つまり盗品を売る人という意味。物品の来歴を知っているから「系図屋」ということか。粋な言い回しである。

《用例》――の家はその奥にあって、今まさに出勤という所、なるほどふとったオカミさんがいて、亭主の出勤など問題にせず食事中、チャブ台のまわりに子供がギャアギャアないていた。（坂口安吾『二十一』昭和一八年）

【警八風】

［けいはっぷう］ **私娼が客と同衾《どうきん》してたる最中を踏込まれることをいう。警察令第八条を適用するという意味から来た語である。**㉙

㊪警視庁令第八号（正式名称「待合茶屋遊船宿貸席料理屋飲食店及芸妓屋ニ関スル取締規則」）は明治二八（一八九五）年四月一日に交付された風俗営業取締法である。名称にある業態が届出制となるほか、「風俗を害する」と見なされた業態（おもに賭博や無許可の売春）は営業停止となるなど、それまでと比べると厳しいものだった。辞書では同衾中に踏み込まれることとあるが、無許可の売春が違反なのだから当然

適用される場面ではあるが、もっとも油断している状況であるところが、この言葉の恐怖の度合いを思わせる。

【骨】

［こつ］ 南千住の遊廓のことをいう。骨塚ッ原の略で今の東京南千住にある遊廓は比較的通人の遊興場所としてあって、其処を指して単に「骨」と云った。㉘

㊫ 小塚原《こづかっぱら》（古塚原、小岩原、骨ヶ原）刑場は江戸の二大刑場のひとつ（もうひとつは鈴ヶ森）で、現在の荒川区南千住二丁目にあった。ここは奥州街道の宿場町で、遊廓で栄えてもいた。刑場で執行された刑は磔刑、火刑、斬罪、極刑の梟首《きょうしゅ》（三日間のさらし首）で、死体は四尺ほど掘って埋めていたが、数年で場所がなくなりまた上から掘って埋めていたため、野犬がほじくり返し、臭気もひどかったという。明治六（一八七三）年に廃止されるまで二十万人以上の執行がなされたというだけあって、この辺りを掘ると今でも大量の人骨が出る。骨ヶ原の異名もだてではない。エロスとタナトスの街である。

【こます】

図版出典Ⓐ

［こます］ ものにすること。「コシラエマス」の略で、「コシラエル」こと、瞞《だま》すこと、胡麻化すことにいう。「ナオコマシ」参照。㉘

㊫ 関西弁の脅し文句「いてこますど」の「こます」は、「〜してやる」の意で江戸時代から使われていた接尾語だと「日本語俗語辞書」（Look vise）にある。また、昭和の不良の間では女性を手に入れる意味で「こます」を使っていたともあるが、これは「ナオ（ン）コマシ」からの派生だろう。

【三角法】

［さんかくほう］ 数学上の三角法に似せて、よく落語家などが云う処世術のこと。即ち「欲をかく」「義理をかく」「恥をかく」三つのかくことに平気であれば金持になると云う法である。「一つ三角法で行こう

か」とか「三角法の心得がある」とか云うように使われる。㉘

(解)結婚式の定番の祝辞のひとつに、夫婦円満の秘訣の「三つの袋」（堪忍袋、給料袋、お袋または胃袋）があるが、そのほか「三つの坂」（上り坂、下り坂、まさか）や「三つの棒」（辛抱、貧乏、希望）が存在するらしい。また、選挙で当選するためには「三つのバン」（地盤、看板、鞄）が必要と言ったりする。日本人はつくづく「三角法」論法がお好きなようで。

【持参金】

［じさんきん］ **番犬を手なづけるため用意して行く牛肉のコマ切れ等をいう。**⑤

(解)なにかまた性的な隠語かと思えば、なんとも牧歌的な言葉であった。それにしても犬に牛コマとはなかなか豪勢である。

図版出典Ⓐ

【実弾射撃】

［じつだんしゃげき］ **現金を以《もっ》て相手を虜にし目的を達すること。又は選挙の時の買収をいう。**㉓

(解)政治活動における賄賂や買収を「実弾（が飛び交う）」とする言い回しは今に続いている。日本では戦後すぐの昭和二一（一九四六）年以降、拳銃の所持は言うまでもなく固く禁じられているはずだが、なぜこんな物騒な表現を用いるのか謎である。ハードボイルド気取りなのだろうか。そもそも政治の世界の集団語は特異である。「埋蔵金」「籠脱け」「踏み絵」「伝家の宝刀」「～の乱」「毒饅頭」など江戸時代かと言いたくなるような古めかしいものも多い。これらは時代小説気取りなのだろう。

【シャッポ】

［しゃっぽ］ **シャッポは勿論帽子ということである。これは仏蘭西語である。然《しか》し帽子のことをシャッポというと何となく滑稽な感じがする。この頃矢鱈《やたら》に用いるシャッポは帽子の意味ではない。あてが外れたとかやりそこなったとか言う時に「ああシャッポ、シャッポ」という。**㉓

(解)降参することを言う「兜を脱ぐ」が、モダンに「シャッポを脱ぐ」となり、「シャッポ」に省略されたのだろう。同じ意味の「脱帽する」は今でも使うから「シャッポ」はほんの一時期の流行語とみえる。なお、宮本光玄『モダン隠語辞典』（誠文堂、昭和六年）には、「芸事の下手な人を指していう」とあり、皮肉としても使われたようだ。駄目になることを言う「ポシャる」も「シャッポ」からきていると中山由五郎『モダン語漫画辞典』（洛陽書院、昭和七年）にある。

《用例》だがみんな生きとしいけるものはおまんまというものをいただかなければならないのが、実に厄介センバンだよ。これには——だ。（辻潤『だだをこねる』昭和八年）

【しゅく】

［しゅく］新宿の略。「ノイ」「メイド」「サカ」「ゴヤ」「ザキ」等と同類。㉘

㊎「ノイ」は玉の井、「メイド」は亀戸、「サカ」は大阪、「ザキ」は愛知県岡崎市を指す。ほかに、神戸の「ベコ」、宇都宮の「ミヤ」、仙台の「ダイセン」、名古屋の「ゴヤ」、横浜の「ハマ」などがある。

【すかをくう】

［すかをくう］「スカ」は「いすかの嘴《はし》の喰い違い」の意味で、目算がはずれたことに云う。㉘

㊎鶍《いすか》（アトリ科の鳥）の嘴《くちばし》の上と下がずれて重なっているところから出た言い回しが語源というが、そもそも鶍という鳥を知らなかった。調べてみると確かに嘴が見事にねじれて互い違いになっている。針葉樹の種子（松かさなど）を食べるためにこのような形になっており、生まれてすぐはねじれておらず、一、二週間後に交差してくるという。

《用例》学生は——（原表記：スカを喰ッ）て、前へ突ン踣《のめ》ツたかと思うと、頭突に一ツ、老爺の胸のあたりをどんと突く。（三島霜川《みしまそうせん》『解剖室』明治四〇年）

【すべた】

［すべた］不良少女、又は不美人のこと。多淫女の意にも云う。㉘

㊎ポルトガル語「espada」（剣の意）が語源で、めくりカルタ（賭博）の剣のカードが点にならないつまらない札であることから、つまらない者、とるに足りない者の意味で使われていた。ポルトガルのカルタは室町時代に船員より「南蛮かるた」として日本に伝わり、国産品は「天正《てんしょう》かるた」（天正系、てんしょ）とよばれた。天正カルタは天明（一七八一〜一七八九年）ごろに流

行したため、江戸後期には存在した言い方のようだ。賭場に集まった男性たちが女性の噂をしていたさまが目に浮かぶようだ。なお、「ズベ公」も「すべた」から来た語である。

《用例》 こっちはお前《めえ》、河岸《かし》で一番首を討取る気組みで、佳いものを仕入れてよ、一ツおいしく食わせてやろうと、汗みずくで駈附けるんだ。——（原表記：醜女《すべた》）が情人《いろ》を探しはしめえし、もう出来たよで断られちや、間尺に合うもんじゃねえ。（泉鏡花『婦系図《おんなけいず》』明治四〇年）

【田パル】

［でんぱる］ 田夫野人《でんぷやじん》の田とパルチザンのパルとを搗《つ》き混ぜて凡《すべ》て狂暴なことを意味する。東京の商店員仲間の流行語。㉓

解 田夫野人もパルチザンも今や聞かない言葉である。田夫は農夫、野人は田舎者の意。パルチザンは武装抵抗集団、革命活動をする非正規軍のこと。二つを混ぜるととんでもない暴れ者である。

【天保銭】

［てんぽうせん］ 陸軍大学出が佩用《はいよう》する徽章《きしょう》が天保銭の形に似ているところから同校出身将校のこと。㉓

解 宮本光玄『モダン隠語辞典』（誠文堂、昭和六年）には「愚者のことをいう。天保銭は天保六年に造った貨幣で明治になってから八厘に通用した。一銭に足らぬとの意味から起った。」とあるが、陸軍大学出身の将校と愚者、どちらの意味で使うかで明暗が分かれそうだ。

《用例》 金モールの参謀肩章を肩に巻き、——を胸に吊った佐官が人力車で校門を辞した後姿を見送った時、さすがに全校のどんな劣等生も血を湧かした。（嘉村《かむら》礒多《いそた》『途上』昭和七年）

【握り】

［にぎり］ 不良少年仲間の誘惑方法の一種。雑踏中で女の手などを握る不良の犯行で、的屋の「エンコヅケル」とやや同義である。其条参照。㉘

解 握りといっても寿司ではなく、不良少年の商売方法である。「打込み」（187頁）の項でも参照した資料、村嶋《むらしま》歸之《よりゆき》『何が彼を不良児にしたか』（家庭科学体系刊行会、昭和五年）には、不良たちの手口が詳しく載っている。曰く、映画館に一人で観に来ている女性の隣りに座り、ピンか何かが落ちかかるのを注意する（「落ちますよ」）ふりをして話しかけ（「ハナシ」）、さり気なく触ったり（「サワリ」）、ラブシーンでぐっと手を握る（「握り」）などの方法で誘惑するらしい。雑踏であれば、わざと躓いて女性に当たり（「御免なさい」）、ものを尋ねたり（「お尋ね」）、相手が子連れであればあやしたり（「ベビー」）と、きっかけはなんでもあり。罠が縦横無尽に張り巡らされている。こんな輩に目をつけられたら最後、骨までしゃぶられるのは必至。とにかく何を言われても無視し、店などに逃げ込むしか手はなさそうである。

図版出典Ⓐ

【羽織ゴロ】

［はおりごろ］**座敷乞食のこと。多くは紋付の羽織などを着て堂々と押しかけて行くところからこの名がある。**㉓

(解) 羽織を着たごろつき、つまりきちんとした身なりのならずものの意味だが、そうよばれる人々は多岐にわたっている。まず新聞記者。三面記事がメインの零細新聞は市井のスキャンダルを堂々と記事にしていた。そのため、記事になる前に家に押し掛けて恐喝することは長らく続いていた。また、いわゆる壮士崩れもいた。家にやってきて主義主張を騙《かた》り金を強請《ゆす》るヤクザまがいの連中である。さらに、株の取引所の周辺で会社に関するデマをバラまく者も羽織ゴロとよばれた。いずれにしても関わりたくない面々である。

《用例》 実業家というと聞えが好いが近頃の奴は――の方に近い。立派な新教育を受けた若い連中《てあい》までが斯《こん》様な怪しからない所為《まね》をしたがるから困る。（内田魯庵『青年実業家』明治三五年）

【不見転】

［みずてん］**春を売る芸妓のことをいう。相手を見ずに金さえ出せば転ぶという意から不見転（みずてん）といったのである。**㉙

(解) 語源は三～七人で行う花札の賭博「八八」。明治期に横浜の遊女から広まったとも言われるが、関東の遊び方で「江戸花」「東京花」の別名がある。親と子を決め、配られた手札と場に置かれた山札を組み合せ、合計八八点以上を勝ちとするが、親が手札を配った瞬間、見る前に「出る」ことができ、それが八八点以上だと全員から点数がもらえる「不見転（水転）」という手がある（この場合、点が悪くても親は降りることができない）。ここから、三味線や唄もできず何の芸もないため、相手構わず身を任す芸者を「不見転（芸者）」と言うようになった。

《用例》「それあ何《ど》うしたって、こんな処にいるものには、悪い病気がありますからね、――なんか買うよりか安心は安心だけれど……。（徳田秋聲『或る売笑婦の話』大正九年）

【娘】

［むすめ］　**土蔵のことを云う。娘は「エダ」とも云う。土蔵破りを専門とする犯人を「ムスメ師」という。「ムスメシ」参照。**㉘

㊫ 土蔵破りに関する用語は徹底的に蔵を娘に例える。土蔵を破ることは「ムスメクドキ」「ミヅアゲ」、白塗り土蔵を「色白娘」、塗土蔵を「色黒娘」、物品のたくさん入っている土蔵を「孕み娘」といい、破りやすい土蔵を「安産」、その逆を「難産」、施錠していない土蔵を「淫乱娘」、破りにくい土蔵を「小町娘」（小野小町が一生貞節を守ったと言われたため）、貴重品や宝物のある土蔵を「十七娘」という。さらに番犬のことを「シュウト」とよぶ。ちなみに処女の女性のことは「土蔵」と言うようで、人と蔵が逆転してるのがおかしい。

【メリケン】

［めりけん］　**拳闘のこと、鉄拳を喰わすことに云う。米国流のこと。**㉘

㊫ 語源は「American（アメリカ式）」だが、近代ボクシング発祥の地はイギリスである。始祖といわれるジェームズ・フィグがロンドンで「ボクシング・アカデミー」を創設したのが一七一八年。当時は素手で行われ、目つぶしなどの危険な技もあった。日本最古のボクシングに関する記録は嘉永七（一八五八）年のマシュー・ペリー提督二度目の来日で、アメリカ経由である。この時はボクサーとレスラーを連れており、大関と他流試合が開催されている。拳に嵌める凶器「メリケンサック」も鉄拳の鞘（袋）の意味だ。

図版出典Ⓐ

隠語の世界

隠語は「隠し言葉」ともいい、その起源は古い。奈良時代に成立した『日本書紀』にはすでに「サカシマコト（逆言）」とあり、室町時代の『臥《が》雲日件録《うんにちけんろく》』には「盗賊中有隠語」とあって使用者と目的までもが記されている。隠語は集団にしか通じないこと、集団の帰属意識を高めることがおもな目的であるため、集団があれば自然発生するのである。

隠語の分類法はいくつかあるが、『隠語構成様式並に其語集』（警察協会大阪支部、昭和一〇年）によれば、(1)音節の転倒法、(2)音節の省略法、(3)音節の添加法、(4)変読法、(5)分析法、(6)外国語其他引用法があり、(7)謎的様式、(8)形容的（換言的）様式があるという。

(1)は音節をひっくり返して「ナシ（品の意）」や「カイマチ（間違いの意）」など、(2)は音節の一部だけを使用して「サツ（警察の意）」、「ガイシャ（被害者の意）」など、(3)は衣服や布を表わす「ビラ」に添加して「カク（角）ビラ（蒲団の意）」、「塵《ちり》ビラ（足袋の意）」など、(4)は読みの音訓を変えて、「ガン（眼の意）」、「ボクチン（木賃宿の意）」など、(5)は語句を分析して「クノイチ（女の意。女の漢字をくとノと一に分けている）」や「ジウサンヤ（櫛の意で九十四は一三だから）」など、(6)は「ピイ（娼婦の意。娼の中国語読みから）」など、(7)は連想から同じ読みの言葉を当てはめる方法で「鯡《にしん》（控訴院の意。二審より）」や「神主（葱の意。神職を表わす語「禰宜《ねぎ》」より）」など、(8)は形が似ていたり経験から換言される方法で、「饅頭（時計の意。丸いから）」、「本家（刑務所の意。留置所に対して刑務所は本家だから）」などがある。

また、隠語の話者は、反社会的集団（犯罪者、不良）と非反社会的集団（職人、商売人、警察、芸人、僧侶など）に分けられ、他に若者のスラングや性的隠語もある。

種類も発生場所もさまざまだが、いつの間にか一般語になることもあるのが隠語の面白さである。

おわりに

現代の日本において、新語や流行語と聞いて真っ先に思い浮かぶのは「ユーキャン新語・流行語大賞」ではないだろうか。通信教育運営会社ユーキャン主催の、その年に流行した新語を発表するイベントだ。ここ数年、事前にノミネートされる三〇語に初耳の言葉が多いことが話題となった。

ところが二〇二〇年は様子が違った。

新型コロナウィルスの世界的流行で、新しい生活様式（これもある意味で今年の新語だろう）や医療用語が広まり、ほとんどの言葉が腑に落ちるラインナップだったのだ。こんなことは異例中の異例である。家族や生活スタイルの変化で世代間交流が減り、スマートフォンやSNSの登場で流行が局地化、細分化している現代で、今年登場した新語のほとんどを知っているとは！

しかし、それはそれでなんとなく物足りない気もする。

流行語の新発見がない。

流行語の新発見というのもおかしいが、ノミネートされたことで言葉を発見する機会になっていたのだから、そう言わせてもらいたい。

例えば、過去に初耳だった言葉として、二〇一九年の「新語・流行語大賞」にトップテン入りした「スマイリングシンデレラ」、「おむすびころりんクレーター」がある。

ゴルファーの渋野日向子選手を指す「スマイリングシンデレラ」は、米ゴルフ誌『Golfweek』記者が名付けた呼称とのことで、「おむすびころりんクレーター」は惑星探査機「はやぶさ2」が小惑星リュウグウに生成した人工クレーターの愛称でＪＡＸＡが記者会見で発表した言葉らしいのだが、ともにランクインして初めて耳にした言葉だった。

とはいえ、である。

例えば五〇年後、一〇〇年後に「スマイリングシンデレラ」「おむすびころりんクレーター」という言葉を知ったとしたら、にわかに興味をそそられるのではないか。

シンデレラとまでよばれたゴルファーの笑顔をぜひ見てみたいと思うだろう。また、クレーターのどのあたりがおむすびころりんなのかも気になる。もしかしたら「おむすびころりん」という昔話自体が忘れられていて、これを機に再発見されるかもしれない。

このように、時間が経った流行語には後発的に価値が生まれる。いつごろ、誰によってどのように使われたかを掘り下げることで、世相や風俗、当時の人々の心の持ちようが垣間見えることは、興趣が尽きない。

本書は、大正八年から昭和一五年にかけて発行された新語、流行語辞典およそ三〇冊から、発想に新鮮さを感じたり、すでに一般語となったものの由来がわかるものや、今見ても面白い言葉を取り上げて解説した辞典風の読み物である。

新語・流行語は社会語、新聞語、モダン語、尖端語などともよばれ、辞典は大正期から昭和十年代までに約百点以上出版されている。他に、一般誌、少年少女雑誌、業界雑誌のコラムや付録にも登場し、正確な数は把握が困難なほどだ。なかには、明らかに他の流行語辞典の記述をそのまま引用したり少し改変しただけの辞典もある。粗製濫造ともいえるがそれだけ読者は新語や新思想に必死に追いつこうとし、出版社は出せば売れるとばかりに印刷機を廻したのだろう。

こんなにも新語・流行語辞典が希求された背景には、明治の欧化政策に伴い、教育や文化、生活のあらゆる面で西洋化が進んだことがある。とくに大正中頃から加速したのはインフラやメディアの発達のおかげである。海外や都会の流行が地方に急速に伝播したのが、大正から昭和初期という時代なのだ。

日本語に乱れなどない、変化があるだけだとは言語学者の金田一秀穂氏の言葉だが、流行語は変化の局地、社会に浮かぶうたかたの泡のようなものだ。その泡を掬いとって目を凝らしてみようというのが本書の狙いである。

本書は、生活語、学生語、外来語、思想語、女学生語、文化語、医療語、社会語、隠語の九つのジャンルから成っている。ジャンルを横断して集団語、専門用語などが入り交じっていて必ずしも厳密ではないが、当時の辞典の大らかな分類にならった。

また、同時代の文芸作品から用例を入れ、使い方を示したのも特徴のひとつだ。さらに、モダニズム漂う大正、昭和初期のイラストと絵葉書、令和の画聖・山田参助さんの絵をふんだんに取り入れたのも味わいどころである。

編集にあたっては、校正の蓑田沙希さん、編集担当の脇山妙子さんをはじめ、左右社の皆さんの絶大なご尽力を賜った。深く感謝申し上げる次第である。

百年前の少年少女たち、学生やサラリーマン、また誰かの父親や母親たちも、今に生きるわたしたちと同じように怒り、笑い、悩んでいた。それはもしかしたらあなたの祖父や曾祖母かもしれない。彼らの古くて新しい生活を、言葉を通して感じてみよう。そして、流行は巡るもの、百年後の現代の生活のなかでこっそり使ってみるのも楽しいのではないだろうか。

二〇二〇年一二月

平山亜佐子

引用元辞典出典一覧

①『新しき用語の泉』小林花眠編著（帝国実業学会、大正一一年）

②『新語新知識 附・常識辞典』『キング』第十巻第一号付録（大日本雄弁会講談社、昭和九年）

③『モダン新語大辞典』（大文館書店、昭和七年）

④『新らしい言葉の字引』（実業之日本社、大正一三年）

⑤『訂正増補 超モダン用語辞典』斉藤義一著（中村書店、昭和六年）

⑥『大増補改版 新しい言葉の字引』服部嘉香・植原路郎著（実業之日本社、大正一三年）

⑦『新しい時代語の字引』実業之日本社出版部編（実業之日本社、昭和三年）

⑧『最新 現代用語辞典』小山内薫監修、秋山湖風・太田柏露編（明光社、大正一四年）

⑨『現代新語辞典』（『現代』第12巻第1号付録）現代編輯局（大日本雄弁会講談社、昭和六年）

⑩『モダン辞典』モダン辞典編輯所編（弘津堂書房、昭和五年）

⑪『訂正増補 新らしい言葉の字引』服部嘉香・植原路郎著（実業之日本社、大正八年）

⑫『モダン語漫画辞典』中山由五郎著（祥光堂書房、昭和七年）

⑬『ウルトラモダン辞典』酒尾達人編（一誠社、昭和六年）

⑭『模範新語通語大辞典』上田景二編（松本商会出版部、大正八年）

⑮『社会 ユーモア・モダン語辞典』社会ユーモア研究会編（鈴響社、昭和七年）

⑯『分類式 モダン新用語辞典』小島徳弥著（教文社、昭和六年）

⑰『新かくし言葉辞典』津田異根編（博進堂書店、昭和五年）

⑱『秘密辞典』自笑軒主人著（千代田出版部、大正九年）

⑲『英語から生れた新しい現代語辞典』上田由太郎（駸々堂出版部、大正一四年）

⑳『これ一つで何でも分る現代新語集成』小山湖南著（博隆館、昭和六年）

㉑『モダン流行語辞典』喜多壮一郎監修、麹町幸二編（実業之日本社、昭和八年）

㉒『現代新語辞典』時代研究会編（耕文堂、大正八年）

㉓『時勢に後れぬ新時代用語辞典』長岡規矩雄著（磯部甲陽堂、昭和五年）

㉔「現代女学生流行語辞典」『婦人倶楽部』昭和二年一二月号

㉕「現代女学生流行語辞典」『婦人倶楽部』大正一五年八月号

㉖「現代女学生隠し言葉辞典」『少女画報』大正一五年四月号

㉗「すたぢお・もだん語詳解」新井彌大著『台湾芸術新報』6（2）（昭和一五年）

㉘『チョーフグレ』南霞濃著（文献研究会、昭和五年）

㉙『モダン隠語辞典』宮本光玄著（誠文堂、昭和六年）

㉚『隠語構成様式並に其語集』樋口栄著（警察協会大阪支部、昭和一〇年）

㉛『世界艶語辞典』佐藤紅霞著（弘文社、昭和三年）

図版出典一覧

Ⓐ『モダン語漫画辞典』中山由五郎著（洛陽書院、昭和七年）

Ⓑ『創作カット図案集』内藤良治著（創作図案刊行会、昭和一二年）

Ⓒ『商業広告図案大集成』辻克己編（浩文堂、昭和一一年）

Ⓓ『図案化せる実用文字』藤原太一著（大鐙閣、大正一四年）

Ⓔ『新編・増補 現代図案カット大成』辻克己編（大同出版社、昭和一八年）

Ⓕ『その儘使へる絵と実用図案文字』十時柳紅編（近代文芸社、昭和五年）

Ⓖ 大正・昭和初期の新聞広告図版より

主な参考文献

【書籍】

赤神良譲『文明に於ける野蛮』（三也書店、昭和七年）

荒川惣兵衛『外来語学序説（「モダン語」研究）』（昭和七年）

小田晋、栗原彬、佐藤達哉、曾根博義、中村民男編『20.0『変態心理』と中村古峡　大正文化への新視角』（不二出版、平成一三年）

佐藤喜代治編『講座日本語の語彙6　近代の語彙』（明治書院、昭和五七年）

鈴木貞美編『大正生命主義と現代』（河出書房新社、昭和六〇年）

橋本健二『階級社会日本』（青木書店、平成一三年）

原純輔編『日本の階層システム1　近代化と社会階層』（東京大学出版会、平成一二年）

坂野潤治『〈階級〉の日本近代史 政治的平等と社会的不平等』（講談社、平成一八年）

兵頭晶子『精神病の日本近代 ── 憑く心身から病む心身へ』（青弓社、平成二〇年）

松井栄一、曾根博義、大屋幸世『「近代用語の辞典集成」別巻　新語辞典の研究と解題』（大空社、平成八年）

松井栄一、渡辺友左監修『隠語辞典集成 別巻 資料編』（大空社、平成九年）

南博編『近代庶民生活誌　第三巻 世相語・風俗語』（三一書房、昭和六〇年）

米川明彦『新語と流行語』（南雲堂、平成元年）

米川明彦『俗語発掘記　消えたことば辞典』（講談社、平成二八年）

和歌森太郎編『流行世相近代史 ── 流行と世相』（雄山閣、昭和四五年）

鷲田清一編『大正=歴史の踊り場とは何か　現代の起点を探る』（講談社、平成三〇年）

渡辺友左『隠語の世界 集団語へのいざない』（南雲堂、昭和五六年）　ほか

【論文】

伊藤彌彦「近代日本の個人主義（概観的試論）」『政治思想研究』3巻、（平成一五年）

木村義之「新語辞典の形成と展開」『慶應義塾大学 日本語・日本文化教育センター紀要　日本語と日本語教育』38：1-26（平成二二年）

佐々木啓子「近代日本における都市中上流階級の階層文化と教育　その理論的検討と歴史社会学的分析枠組みの提示」『電気通信大学紀要』24巻1号（平成二四年）

田中智子「戦後学制改革期における第一高等学校寮自治の変容と継承」『日本の教育史学』52巻（平成二一年）

鄧牧「大正期における外来語の増加に関する計量的分析」『国立国語研究所論集』6：1-18、（平成二五年）

盛山和夫「近代の階層システムとその変容」『社会学評論』50巻2号（平成一一年）

山室信一「モダン語の地平から[1]~[18]」『図書』（岩波書店、令和元年一月~令和二年六月）

『甲子論集　林巨樹先生華甲記念国語国文論集』（甲子論集林巨樹先生華甲記念国語国文論集刊行会、昭和六〇年　ほか）

項目索引

平山亜佐子（ひらやま・あさこ）

文筆家、デザイナー。『20世紀 破天荒セレブ ありえないほど楽しい女の人生カタログ』（国書刊行会）、『明治大正昭和 不良少女伝 莫連女と少女ギャング団』（河出書房新社）など。

山田参助（やまだ・さんすけ）

漫画家。『あれよ星屑』（KADOKAWA／エンターブレイン）が二〇一九年に手塚治虫文化賞新生賞、日本漫画家協会賞大賞を受賞。他に『ニッポン夜枕ばなし』（リイド社）など。

章扉描き文字　山田参助（15頁）川勝徳重（37、59、79、99、121、143、179頁）藤原太一『図案化せる実用文字』大鐙閣、大正一四年より（159頁）

本文中のその他の図版出典

Ⓖ8頁～11頁、14頁、ねころびコラムロゴ　Ⓔ200頁～203頁

［お願い］本書に掲載させていただいた資料の中で一部著作権者が不明の作品があります。著作権者ならびに継承者の方は、お手数ですが編集部にご連絡くださいますようお願い申し上げます。

戦前 尖端語辞典

２０２１年２月15日　第一刷発行
２０２１年２月20日　第二刷発行

編著　平山亜佐子
絵・漫画　山田参助
発行者　小柳 学
発行所　株式会社左右社
〒１５０-０００２ 東京都渋谷区渋谷２-７-６-５０２
電話　０３-３４８６-６５８３
ファクス　０３-３４８６-６５８４
http://www.sayusha.com

装幀　鈴木成一デザイン室
本文デザイン　平山亜佐子（blanc）
組版設計　田代睦三（blanc）
本文組版　blanc
校正・校閲　蓑田沙希
印刷・製本　創栄図書印刷株式会社

Printed in Japan ISBN978-4-86528-011-1